U0111561

大展好書　好書大展
品嚐好書　冠群可期

大展好書　好書大展
品嘗好書　冠群可期

武學釋典28

# 須臾之道——

## 汪永泉傳楊式太極拳理法探索（老六路）

張海松　著

大展出版社有限公司

# 簡 介

　　《須臾之道》是作者十幾年來，對汪永泉傳楊式太極拳（老六路）在拳理拳法方面，深入學習與探索的總結。

　　其對太極拳的探索並非侷限於一招一式，而是強調太極拳與生活的融合，強調領悟太極之理，外修諸法，內省吾身。所言均是內心真實感悟，句句可在太極拳的實踐中找到根由，並以此為據，向內求索，以拳證修身養性之理。

汪公永泉肖像

# 作者介紹

　　**張海松**，北京市武協永泉太極拳研究會秘書長，北京市武協理事。1993 年在天津跟隨齊子祥老師學習滄州鹽山郭進武（音）老師傳的白猿通背拳，2002 年師從汪公永泉大師再傳弟子陳田良先生學習汪傳楊式太極拳（老六路），曾協助汪仲明先生、陳田良先生完成著作《汪傳楊式太極拳修證實錄》，自著有《汪永泉傳楊式太極拳心法探秘》一書（北京體育大學出版社 2015），並於 2015 年應山東青島電視臺邀請，跟隨陳田良老師拍攝了《太極與養生》系列電視教學片，宣傳汪傳楊式太極拳。

　　在北京、廣東、山東、福建等地開辦振海太極學堂，積極推廣太極內功心法的訓練體系。

人心惟危，道心惟微。

惟精惟一，允執厥中。

——《尚書·大禹謨》

汪公永泉師徒合影

（中：汪永泉，後排左起：孫德善、高占魁、張孝達、張廣齡、
朱懷元）

高占魁師爺收徒照

（前排居中者汪永泉，左二汪仲明，左三高占魁，左五朱懷元，
左六張孝達。三排左一陳田良）

陳田良收徒儀式

（前排左起為張清池、朱春煊、汪仲明、陳田良、王富榮。後排右一張海松、右二蘇金山，右三王俠生）

張海松與陳田良老師

陳田良老師拳式

振海太極學堂楊式太極拳內功心法研修班部份學員合影
（第一、二期北京研修班）

振海太極學堂楊式太極拳內功心法研修班部份學員合影
（第三期北京研修班）

振海太極學堂楊式太極拳內功心法研修班部份學員合影
（第四期北京研修班）

振海太極學堂楊式太極拳內功心法研修班部份學員合影
（第五期廣州研修班）

振海太極學堂楊式太極拳內功心法研修班部份學員合影
（第六期廣州研修班）

與中國電信運營中心部份學員合影

作者在山東濟寧與拳友交流

# 推薦序

中國文化大學國術系主任
莊榮仁教授

　　承蒙東吳大學黃景耀教授的推薦與囑咐，有機會能夠在張海松先生出版《須臾之道—汪永泉傳楊式太極拳（老六路）理法探索》之前拜讀一番，並寫序推薦。

　　說來慚愧，練習國術多年始終未能登堂入室，頗引以為憾，七年前承蒙黃教授推薦得以在台灣大學跟隨張國璋老師學習，使我茅塞頓開，窺見了太極拳的奧妙。黃教授是我的大恩人，其命焉能不從乎！剛好趁著暑假好好拜讀張海松先生的大作，閱後心曠神怡，躊躇再三，不揣固陋，提筆寫序。

　　以往看到的太極拳書籍或理論，對於功成後的描寫多，但對於入手方法說明的少，常常會讓人興起高山上金碧輝煌，氣象萬千，而山腳下雲霧繚繞不知徑路，望而興嘆。張海松先生特地將他習練汪永泉傳楊氏太極拳的經過、體驗與心得公諸於世，真是何等的氣概與胸懷。

人體該如何操作使用？古往今來仍然是只有少數人能夠正確的運用，若再加上氣、意與神的配合與交互作用，其複雜度不知道要增加幾千萬倍。而這些的結合必得要知道身體各部位的作用與特點，要產生甚麼樣的作用？該用何種物質當作燃料，該怎麼點燃，該如何傳送等等，種種問題，錯綜複雜。

太極拳修練過程從肉體的鍛鍊、氣的存養、意的操持以及神的含藏等，無一不是能力的增強、感應的提升、思想的深化與心靈的純化，然後才知人的渺小與天地的偉大，天地一天地，人亦一天地爾。經歷這樣的過程，回頭再看古聖先賢的心得，就會興起心有戚戚焉的感嘆。前有古人，後必有來者，其心同，其理同，其行同。

太極拳，我從練的過程中獲得許多好處，今天我也願意藉這個機會推薦張海松先生的大作《須臾之道—汪永泉傳楊式太極拳（老六路）理法探索》，希望更多人能夠從這當中獲得他們想要獲得的，是為序。

# 《須臾之道》序

世新大學前校長　賴鼎銘

　　當兵時，某個週日早上，我在新公園（現在的二二八紀念公園）看到有一群人在練拳，觀看中，有位師兄要我用力按他的肚子，沒想到這一按，我竟蹦蹦蹦後退了七、八步才停住。一問之下，才知是太極拳；但當時只把它當成奇遇，並沒有起意要學習。

　　1985 年考上教育部公費留學考試，準備出國期間，竟發現自己得到黃種人少見的皮膚癌！開完刀後，開始著意於養生的運動！

　　有一次一大早，在植物園，看到二位老者在打太極拳，我起意跟他們學習，而且一週之內就學會了一百零八式的楊家老架太極拳。後來才知，他們的師父是「一代跤王」常東昇，有一次來看這二位徒弟，被我碰到。後來這二位老者不再出現，我只好作罷！

　　我因為住在溫州街，鄰近台灣大學。有一天早上漫步中，看到台大文學院門口，有一批人在打太極，觀察了幾天，徵得同意，我最後加入了這個太極拳團

體。每天早上六點二十五分開始練拳，打到七點十分。隨後老師會推推手，應要求下，也會練一下太極劍給我們看看。

這位老師叫柯啟華，服務於台灣大學。論起他的老師，就是赫赫有名的「五絕老人」鄭曼青。鄭曼青師承楊澄甫，所以算來我學的就是楊家拳，與我在植物園學的一模一樣。

這一學就是三十年。從柯老師那裡，我們基本的一百零八式拳架，沒有甚麼問題。其後他又教我們散手，筆者是少數當時有學會散手上、下手的學生之一。當然大擺老師也教過，但一如推手，功夫不夠，上不了手。

隨後我當然也學了太極劍、太極刀，但總體來說，愈打愈心虛！太極拳是個改架拳；常常自以為打得很好，但一錄影，就知道自己不合規矩的地方所在多有，所以不斷在修正自己。這也是學了三十年，這幾年我還是回到基本功的講求與盤練。

學拳久的人，其實最想跨過的無非是推手。但後天用力已習慣的人，最大的麻煩是一推就會頂力，就會鬥牛。「太極不用手，用手非太極」，看得懂，但要做到談何容易。這幾年，我因為碰到唐龍師兄，慢慢在改進很多過去的壞習慣，但推手，想要突破卻有

很多的訣竅，若沒有人點破，永遠別想進入堂奧之門。

張海松這一本《須臾之道》，傳承自楊家，但主要還是汪永泉這個支系，直屬師父則是陳田良先生。從字裡行間，看出他已深能體會汪永泉太極拳的密奧。書中信手拈來，有很多作者練拳的心得，讓筆者覺得愛不釋手，現舉幾個例子，例如：

手和腳似連非連，等發勁時再連上。

以小臂為劍，用骨頭打人。

盤拳時，想著手心有個小氣球，時時在手心中，心與手就一體了，發人時，把小氣球扔出去，要用心扔。

盤拳時，全身放鬆，手臂間是一汪水或一缸水，在其間往返衝撞，不能出尖，保持著圓，對方一碰，碰哪兒，哪兒就受壓，就要讓水找對方向，激射而出，這就是我們所說的鼓盪。

練拳時把神意透出去，放到對方身後，一切都是神意，甚至只用神意就可發人。

盤架子，要知道隨時隨地，任何角度都能發勁。

不要撥對方的手臂，要撥對方的重心、中心線，或是把對方看成一個整體，去牽動一個整體，而不是局部的手臂。

身做圓球，尾閭找肩膀，和在一起，這個鼓就繃起來了。

抬手就帶意，尾閭上手，等著你來，你一出勁，我的意就起作用了。

手是鬚子，不是用手打人，是用腰背打人，用脊椎打人，要練渾身都是手。

打拳實際上是後背（夾脊到命門）在打拳，師父說，是樹幹在打拳，不是樹枝，樹枝只是隨著動。

野馬分鬃，力在大指一側，後腳蹬地。

式與式之間的轉換，很重要，用法都在轉換處。

外形不動，神意成圓形散出。

尾閭上手，搖頭擺尾。

這些心得，若非體悟之人，實在道不出！若非功夫已到某些地步的行家，恐怕也看不出玄機！

太極功夫，與丹道內功一樣，有很多默會知識，師父如果不點破，永遠無法破解其中玄機。令人敬佩的是，汪傳一系，最近整理出來的書籍，讓我們看到這些心法的公開，包括張海松《須臾之道》的出版，都將有助於太極拳老手，提升太極功夫的境界！

也希望更多人能由這本書，走進太極拳的秘境！

是為序！

# 序 三

　　1973 年是我人生關鍵的時刻，那年進入國立台灣師範大學體育系就讀。隔年春，就接觸太極拳，啟蒙老師是鄧時海老師，這一脈是由楊家第三代傳人楊澄甫先生傳承給呂殿臣先生，再傳承於王子和先生。1945 年王子和先生奉國民政府之命前來臺灣推展國語文，抵達台灣後在推行國語運動之餘，王子和先生特闢名為「華步庭」的練功場，傳承「楊氏太極」「廣法」一系的太極武藝。

　　鄧時海老師即當年受業於王子和先生眾多學生之一。大學三年多的日子每天清晨六點即隨鄧時海老師習拳，從正架套拳、反架套拳、太極劍、棍、單手推手、雙手推手、四手推手等等。

　　1977 年畢業後因為時間、環境的關係就僅守在正架套拳這部分每天練習。1980 年受聘於東吳大學體育室擔任助教也在體育課程中開授太極拳課。

　　2004 年，台灣大學游添燈教授引薦我向張國璋老

師學習，張國璋老師、鄧時海老師同是王子和先生的學生，從張國璋老師處我認識了太極拳的鬆、太極拳的勁，至此才真正踏入傳統太極拳領域。

2010年以後在練拳路上自覺碰到許多瓶頸無法突破。便陸續購買許多太極拳相關書籍研讀，其中對《楊式太極拳述真》、《汪永泉授楊式太極拳語錄及拳照》、《汪永泉授楊氏太極拳內勁核心的感悟》、《汪永泉傳楊式太極拳心法探秘》等汪傳一脈的書籍倍感貼切。旋即與張海松老師取得聯繫，同時利用本人休假一年時間多次前往北京、廣州兩地，就教於張海松老師，收穫頗為豐碩。

張海松老師即將要出版第二本書籍～《須臾之道─汪永泉傳楊式太極拳（老六路）理法探索》，並以繁體字在台灣出版，實在是台灣太極拳同好之福音。本書是張海松老師十多年來，堅持對汪傳楊式太極拳進行理法探索，所獲心得及體悟的總結。

從第一章開始談及「……隨眾人一起打打太極拳，聽著音樂、跟著節奏……，那個就不叫太極拳，就是廣場舞」。可是我們每天早上放眼過去，盡是一群一群聽音樂一起打太極拳的場景，為何我們多數人是這樣練太極拳的？套句張老師的話「根本原因還是你不知道甚麼是太極拳」。本書從開頭就針對如何練

太極拳作釐清，值得太極拳同好深刻思索並調整修煉太極拳的觀念與方法。

業精於勤是眾所周知的事，但要勤於守其本而非巧持其末，也就是張海松老師說的：「巧持其末，不若拙守其本」，這裡說的「本」就是太極拳的基本功。而勤於修煉太極拳的路上要「拙守。能夠不為繁花遮望眼，把握基本規則，一步一個腳印地走在太極的路上就是正確的態度與方法」。

本書第二部分由此開始，提供修煉太極拳的基本觀念與基本功法。其中「且行且珍惜」「空氣是最好的沙袋」就有很細緻的論述。

本書第三部分「學無止境」是筆者從2002年跟隨陳田良老師練拳，到2006年真正進入汪傳楊式太極拳一脈後，到2015年這十餘年來修煉汪傳楊式太極拳年的心得及體悟。

筆者將練拳中分別就不同的子題，個人的感悟予於文字化提供給修煉太極拳的同好們參考。內容以時間來排序，是便於讀者分辨那些是初學時的感悟，那些是後來的感悟，也可以了解學拳的過程在不斷深入的各階段時，所面對到不同的重點，而相同的子題前後也會有不同的感悟。如此的鋪陳能讓初學者或有相當素養的太極拳修煉者來參考。

　　張海松老師北京師範大學中文系高材生，投身於汪傳楊式太極拳的傳承，值得欽佩與尊崇。以《須臾之道》為書名更可看出其修為之高。其書名要表達的是：

在修練太極拳的道路上。

道不可須臾離，可離非道。

每個須臾的瞬間，都是道的體現。

期望太極拳的修練者

共勉之

東吳大學副教授

黃景耀

# 前 言

　　自從本人所寫《汪永泉傳楊式太極拳心法探秘》一書出版後，與不少讀者進行過溝通討論，大家都認為汪公永泉所傳的太極拳，符合中華傳統太極文化的哲理，是載道之器，是根植於傳統文化沃土中的參天大樹。我們應該深入發掘，立志繼承，讓更多的人知道它，習練它。

　　習練太極拳的過程，同時是一個不斷思索的過程，其間產生了不少疑問，本人也常向師父、汪脈前輩和同道請教。拳法之秘亦如玄德，深邃幽遠不可辨識，我願拋磚引玉，做一塊鋪路石子。

　　風起於青萍之末，浪成於微瀾之間，凡事定是有跡可循的。

　　習拳必先明理。太極拳的道理，要從傳統文化中去尋根。儒釋道乃至諸子百家，熠熠生輝，點點星光早已溶於炎黃子孫的血脈之中。深入其間，哪怕只是一小點的感悟，都有可能讓自己進步那麼一小下兒。

在與友人的交流中，往往只言詞組也可對我有所觸動。聞道有先後，術業有專攻，達者為師。功夫在拳外，能從其他方面啟發我的也是老師。我就多次從跟我學拳的朋友、學生身上有所領悟，並融合到拳裡。三人行，必有我師焉。豈止三人行，放眼望去，天地萬物，一草一木皆是老師。

大處著眼，小處著手，練拳能從一處上手，便可以觸類旁通，不必拘泥於面面俱到，也不要受困於形式。一法通，則萬法通。

其實太極拳並不是在練拳時才是練拳，生活無處不太極，太極也無處不生活。拳拳服膺，念茲在茲，外修諸法，內省吾身，不在拳而在於心。

點滴心得，積句成章，見識淺陋，不免貽笑於方家，實在有些誠惶誠恐。

張海松　於北京

# 目　錄

# 第一章　取法乎上

## 一、道可盜，非常盜

這個標題有點邪惡。

不過這個可不是我說的，是軒轅黃帝他老人家說的。

在《軒轅黃帝陰符經》中，他老人家說：「天地萬物之盜，萬物人之盜，人萬物之盜。三盜既宜，三才既安。」奇了怪啦，這個事，不盜好像就不合理了。盜才是光明正大的，盜來之後，天地人三才就安穩了。天地大道，道中有盜，盜就更有道啦。

盜，是逆取，反奪之意。宜，是平衡，協調之意。白雲觀田誠陽道長在《中華道家修煉學》中的解釋說，天地從萬物中反奪，萬物從人中反奪，人從萬物中反奪。三者互相反奪，配合平衡，才能合乎生殺之道，成為自然。原來大家是互相盜來盜去，誰也別說誰，你不盜，別人盜了你，你只有認倒楣。最後達成協議，大家都安生了。

關鍵是盜什麼？

盜銀聯卡嗎？

（註：大陸的銀聯卡，是像 Visa 或是 Master Card 一

樣，是個發卡的組織。）

俗，太俗了。

盜者，倒也。倒行逆施，得，又不是一個好詞兒，而且十分粗暴。可是古人卻偏偏說什麼順則凡，逆則仙，讓我等凡人大費腦筋。

《道德經》中說：「道生一，一生二，二生三，三生萬物，萬物負陰以抱陽，沖氣以為和。」看來這裡的萬物與上面的萬物都是一家兒的，是直系親屬，相互已經達成協議，和諧了。那我們不盜了，平平靜靜，無風無浪，泯然眾人，樂在其中亦無不可呀。

我說：不可。

人人都是順則凡，人人都想逆則仙。

人總是要把道理探個究竟，搞個明白的，誰願意糊裡糊塗一輩子。

停，這個和太極拳有什麼關係？

答曰：關係很大。太極拳走的就是逆則仙的路子，可是我們看到的大多是順則凡的「太極拳」。

如果我們只是隨眾人一起打打「太極拳」，聽著音樂，跟著韻律、節奏，找找那個挺美的感覺，只要合乎生理，又不追求極限，健健身也無不可，就當是廣場舞了。但這麼一說，有人要反對我了。怎麼能把太極拳和廣場舞放到一塊呢？

對不起，我錯了，不應該說「當成廣場舞」，因為它們根本就是一回事兒，那個就不叫太極拳，就是廣場舞。

曾有一位友人很認真地習練上述的廣場舞式「太極

拳」數年，一招一式，有板有眼，動作到位且的確有範兒，身體也得到些許好處。與我見面，想探討一下太極拳的問題。演練拳架前的第一個動作是去打開隨身小音響，準備放音樂。

我立刻制止，問，為什麼要放音樂。

答：練拳呀。

我問：練拳就練拳，為什麼放音樂？

答：音樂的韻律可以讓我進入心境放鬆，舒展，和諧的太極拳狀態。

我問：這個狀態和音樂有什麼關係？拳是拳，音樂是音樂，你進入的是拳的狀態，還是音樂的狀態？

答：心境放鬆當然是太極拳的狀態。

我問：你練的是太極拳，不是練的音樂，進入狀態難道要依靠外物嗎？如果依靠音樂，那麼聽音樂就好了，何必練拳？難道沒有音樂就不能進入太極拳嗎？

答：沒有音樂我當然也可以進入啦。

我說：那就不放音樂，直接盤拳。

於是盤拳，然而幾個動作過後，他停下來說：我進不了平時的那個狀態，離開音樂怎麼不行了，手都好像不會動了。

我說：這麼說來，你平時認為不錯的那個狀態，是假於外物產生的，離開外物那個狀態就不是你的了，那豈不是白練了。練了半天，練的不是你自己。

答：我本來認為行的，沒想到離開音樂就不行了，看來是平時放音樂成了習慣，產生了依賴。

我說：練太極拳本來應該是你自修自證，向內求索，認識自己的過程，何必依賴外物，放下都還怕放不乾淨，為什麼還要頭上安頭呢。根本原因還是你不知道什麼是太極拳。

那麼什麼是太極拳呢？

我說太極拳也是這紛紜萬物中的一員，但它卻沒有迷於萬物，因它本身的拳理，直指本源，正是我們探究大道的好工具。

練拳，練的是什麼？

絕不是在力量、技巧上下工夫。

首先練的是道理。

道理怎麼練？在拳裡這個應該叫體悟。用身體把道理體會明白，光明白還不行，要在身體上表達出來。並且不光是自己在這兒表達，這是自證，還要透過與人交手，讓別人認可你的表達是符合太極拳理的，這是他證。

這就回到開頭說的，倒行逆施了。

科學一直在追問：世界是怎麼產生的？

宗教與哲學在追問：我是誰？

太極拳源自道家，它的根本與道家思想是相通的。無論多少招式，不過是拳理的外在表現罷了。學多少套路，不明拳理，也不是太極拳。所以不能以掌握多少技術為能，而要逆流而上，追本溯源。

由《道德經》中的幾句話，「道生一，一生二，二生三，三生萬物」反推回去。

三生萬物。三是什麼？

天地人為三才。

　　練拳要由外在的東西，往回找，找回到天地人和諧的狀態。何為天，何為地，何為人。人一動即生萬物，人一靜三才即安。

　　佛家說，萬法由心生。萬法也由心而滅。

　　《太上老君說常清靜經》有云：「夫道者：有清有濁，有動有靜；天清地濁，天動地靜；男清女濁，男動女靜；降本流末，而生萬物。清者，濁之源，動者，靜之基；人能常清靜，天地悉皆歸。」

　　天地悉皆歸了，「三」也就找到了。

　　「三」是由「二」生的。「二」是什麼？

　　「二」是兩儀。兩儀就是陰陽。

　　處處是陰陽，整個世界都可以被陰陽無限細分。太極拳更是如此，我的老師陳田良先生經常講，太極拳就是一陰一陽二個式子。任何拳式的內涵，無外乎都是虛實、剛柔、鬆緊、開合等等，一切都離不開這個陰陽。

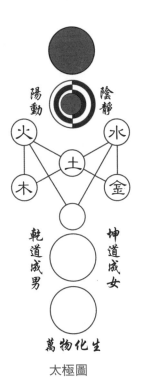

太極圖

　　兩儀是由「一」生的，那「一」是什麼？

　　《易傳‧繫辭》中有「易有太極，是生兩儀。」之句，明確指出，是太極生的兩儀。太極是陰陽之母。

　　那太極長什麼樣子呀？對不起，沒見過。

　　宋朝的周敦頤老先生可能見過，

於是他就畫了個圖，寫了篇短文，然後此文就了不得啦，被奉為「有宋理學之宗祖」，這個就是他畫的太極圖。

# 《太極圖說》原文
## 宋·周敦頤

　　無極而太極。太極動而生陽，動極而靜，靜而生陰，靜極復動。一動一靜，互為其根。分陰分陽，兩儀立焉。陽變陰合，而生水火木金土。五氣順布，四時行焉。五行一陰陽也，陰陽一太極也，太極本無極也。五行之生也，各一其性。無極之真，二五之精，妙合而凝。乾道成男，坤道成女。二氣交感，化生萬物。萬物生生，而變化無窮焉。

　　惟人也得其秀而最靈。形既生矣，神發知矣。五性感動，而善惡分，萬事出矣。聖人定之以中正仁義而主靜，立人極焉。故聖人與天地合其德，日月合其明，四時合其序，鬼神合其吉凶。君子修之，吉；小人悖之，凶。故曰：「立天之道，曰陰與陽。立地之道，曰柔與剛。立人之道，曰仁與義」。又曰：「原始反終，故知死生之說」。大哉易也，斯之至矣。

　　以前上學時我只知道他的《愛蓮說》，那是要求背誦的，沒想到周先生還是一位太極大師。

　　太極動而生陽，靜而生陰，那它不動不靜的時候，就

是太極嘍。在動靜、虛實、剛柔、鬆緊、開合之前的那個狀態，只有我一靈獨存，沒有分別心、對待心，此一時也，陰陽未生，所以莫測。這個狀態好呀，拳諺說，功夫全憑能借力。此時我一念不生，虛實未現，圓滿如環，你從哪兒來借我的力，豈非無敵！

嘿嘿，想多了吧，這念頭早就動過不知多少啦，還一念不生？切！

那怎麼辦？

「一」是哪兒來的？

道生「一」呀。王宗岳《太極拳論》開篇第一句即是：太極者，無極而生。這就是道。

既是無極，那麼，就連我都沒有了，遑論其他。

那麼，是誰在思索無極呢？

我呀！

得，不在狀態了，已經出來了。有我了，那就不是無極，回到太極了。

那我怎麼出來了？唉，有了出和入，就有了分別，陰陽也生啦。

真生了，在哪兒呢？

在這兒呢。

嗯，三才也全了。

這都什麼亂七八糟的。

正是，亂七八糟才是萬物嘛。行了，一招一式盤拳吧。不藉由這萬物化生的拳，又如何能倒回去，體悟其中蘊含的道呢？

盤完拳，口中念道：

　　有物先天地，無形本寂寥。

　　能為萬物主，不逐四時凋。

飄然而去……

噓，有人來了。聽：

哈哈，可算到這兒了，聽說道在這裡。道可盜，非常盜。這下我要大盜一番了。

咦，盜什麼呢？盜無可盜呀！

## 二、太極拳中的悟道與修德

　　據劉金印先生《汪永泉授楊式太極拳語錄及拳照》記載，汪公永泉常說：「練拳要道法自然」。「順乎自然，得其妙領」。在太極拳中，拳與道的關係是緊密聯繫在一起的。

　　道，說起來無形無象，想要描繪一下，數度下筆，數度不能，以至於心神恍惚。寫出一些文字來，靜心再看，覺得寫什麼都是錯的，有欠缺，真的是如古人所言「不可致詰」呀。

　　可是人總要有個抓手處，心裡才踏實。於是乎，聖人給我們指了條路：「人法地，地法天，天法道，道法自然。」對這句話，歷來有各種解釋。

　　我認為，人以地為法，地以天為法，天以道為法，道以自然為法，最終是說人以自然為法，且要符合天地與道。在這裡代表自然界的符號應該是「地」，這個「自然」不是我們身邊的自然世界，而是一個概念，是自以為

然。道已經是大而無外，小而無內，是最本源的了，還有什麼能讓它來法呢？只有這個本來如此，自然而然。

這樣一來我們就有底氣了，練拳行功，只要符合天地的規則，自然就是對的，就能合於道。至於是否符合了規律，要看德。

道，是萬法之源。德是什麼？德是在昭示道的一切，是我們所行所為的方式，是我們瞭解道的途徑。那我們瞭解德嗎？

德在中國文化中佔據著很重要的地位，在我們的身邊，視之而不見，聽之而不聞，摸之不見其形，卻幾乎無處不在，如果生活沒有了這個「德」字，那是不敢想像的。

如今的德化身萬千，變成仁、義、禮、智、信、綱常、法律、治安處罰條例、鄰里互助公約、中小學生守則等等，好人被稱作有德性，做了壞事叫缺德。德已經融入到我們的血脈當中。

但嚴格地說，這些都不是德。

《道德經》第三十八章中說：「失道而後德，失德而後仁，失仁而後義，失義而後禮。夫禮者，忠信之薄而亂之首。」

這下子把世俗規則以及我們全都罵了。至於違法亂紀之輩，對不起，聖人不會罵你，因為懶得理你，會髒了口。

「上德不德，是以有德；下德不失德，是以無德。」（《道德經》第三十八章）

我們先看《六祖壇經‧疑問品第三》中的一段：

韋公曰：「和尚所說，可不是達摩大師宗旨乎？」

師曰：「是。」

公曰：「弟子聞達摩初化梁武帝，帝問云：『朕一生造寺度僧，佈施設齋，有何功德？』達摩言：『實無功德。』弟子未達此理，願和尚為說。」

師曰：「實無功德，勿疑先聖之言。武帝心邪，不知正法，造寺度僧，佈施設齋，名為求福，不可將福便為功德。功德在法身中，不在修福。」

師又曰：「見性是功，平等是德；念念無滯，常見本性真實妙用，名為功德。內心謙下是功，外行於禮是德；自性建立萬法是功，心體離念是德；不離自性是功，應用無染是德；若覓功德法身，但依此作，是真功德。若修功德之人，心即不輕，常行普敬，心常輕人，吾我不斷即自無功；自性虛妄不實，即自無德；為吾我自大，常輕一切故。善知識！念念無間是功，心行平直是德；自修性是功，自修身是德。善知識！功德須自性內見，不是佈施供養之所求也。是以福德與功德別，武帝不識其理，非我祖師有過。」

看來梁武帝一生之功，所得仍不是上德。套用一句網路用語，這「德」，也太難了！

「德」不是做出來給人家看的，更不是求來的。

那德是個什麼作派？

「孔德之容，惟道是從。道之為物，惟恍惟惚。」（《道德經》第二十一章）

還是不明白呀，都已經恍恍惚惚了。

老子下面又說了：「生而不有，為而不恃，長而不宰，是謂玄德。」（《道德經》第五十一章）

噢，說了半天，原來還是這兩個字：無為。心裡有但不執著於有，約束但不束縛，做了好事不要留名，功成弗居。

太極拳的修煉應該就是這個狀態，上德無為。

汪公永泉要求在練拳中追求「無」的境界。正是體現了這一點。

汪公說：「練拳到了高級階段，掤、捋、擠、按皆非似，無形無象，全身透空。」

又說：「無即有，我練拳時，什麼都沒有，到用時，碰我哪兒，哪兒都有。有即無，如練拳時追求這是掤，那是捋，意念從哪兒到哪兒，追求『有』，處處揪著心，拿著勁兒，要求『有』，結果到用的時候什麼都沒有，『有』即無。」

說的雖是拳，但它的真實內涵早已超越之。這種練拳的狀態，才是真正用身體來悟，拳與道合，如此方可入眾妙之門。若糾結於招式，流連於氣血搬運，玩弄些身體上的感覺，是小法小術，借用《金剛經》中的話說：是人行邪道，不得見如來。

張三丰祖師在《學太極拳須斂神聚氣論》中說：「故傳我太極拳法，即須先明太極妙道。若不明此，非吾徒也。」我們不能把自己的心限制在拳裡，不應為拳所拘，應把拳視為入道的工具。明理與功夫是成正比的，道理越明，拳越容易走到高境界。

## 三、武德不是德

武德與上文的「德」不是一個概念，是在一個相對低的層面。因為那個太難了，人心莫測，不能要求每個人都有聖賢情懷，只好退而求其次，用等而下之的禮法、仁義來約束人的行為。

武者講武德。

自古以來，「儒以文亂法，俠以武犯禁」（《韓非子》），這事兒自古就少不了。往小了說，有了本事，就容易擺不正自己，往往有這種心態：「老子拳頭大，都得聽我的。」即使沒有惡念，修養不夠的時候，依了自己的心欲，往往做了錯事卻不自知，所以要定規矩，用禮法來約束，這大概就是武德的由來。

一般意義上的武德，大致是「義」與「禮」的層面，有些堪堪能達到「仁」。然而宣導仁義，尊崇禮法，雖不及德，亦不遠矣。習武者遵守之，能得到別人的尊重，自己也問心無愧。若不能守，觸犯法律者，自有國法制裁。但總有習武為惡，或是惡人習武，未及犯法者，師門大約也莫可奈何。

武德並不能制約惡人，功夫常會成為好勇鬥狠，甚至為非作歹的工具，這在歷史上並不鮮見。有時因為此人能發狠，如單純在力量、速度、抗擊打等等方面下工夫兒，練出來的本事還真不低。所以往往武術門規中都有這樣一句：「不傳匪人」。這也是一種無奈。

由此想到太極拳。

太極拳好像有點不一樣。

太極拳根植於道家思想，練功要求動中求靜，心態平和，全身放鬆，意氣均勻，陰平陽秘，和諧統一。追求的是以武入道，以身悟道，而不是某個單項的極致。太極的訓練方法，無論哪一門，都要求把自己的緊張放下，筋骨肌肉由緊繃到鬆活，精神氣血鬆散開來，運行無礙，敞開心扉，與外界資訊相互交換，以期從有而無，由無而有，這樣太極的功夫才會不期而至。而心性歹毒、戾氣填胸者，心一發狠，身體哪能不發緊？雜念紛紛，如何能進入「無極而太極」的高級狀態？太極拳本身的特點就限制了他功夫層次的提高。別說不傳匪人，就是傳，他也接不下來。

張三丰真人說：「學太極拳為入道之基，入道以養心定性，聚氣斂神為主。故習此拳，亦須如此。若心不能安，性即擾之。氣不外聚，神必亂之。心性不相接，神氣不相交，則全身之四體百脈，莫不盡死。雖依勢作用，法無效也。」

由此可見，練武重德，在太極拳中不是虛言，也不只是規矩，而是切實的修行方法。心性好，充滿正能量，才容易把太極拳練好，才可以得到更高的太極功夫。

這麼看來，練太極拳的都是好人呀！但願世人都來修煉太極。

只有在心性上下工夫，才是太極拳的高級之處。到了這個地步，才能超越一招一式的束縛，才不辱沒了太極之名。太極拳，是性命雙修，它所追求的結果，就是「惟道

是從」。

修行是對自己身心的拷問。

前文所引六祖大師所說：「念念無間是功，心行平直是德；自修性是功，自修身是德。」若能如此盤練太極拳，心平氣合，乃至行住坐臥，念念無間，如何不是性命雙修。

汪公永泉一直強調以武德為先。常說，練拳就是行道。道不可須臾離也。

在《汪永泉授楊式太極拳語錄及拳照》一書中，汪公講：「教育年青人練太極拳，第一，要把五種道理講通；第二要把火性練化；第三要把後天之力練柔；第四要把傲性去掉；第五，要把好鬥之心祛除。教練和學生首先要解決這些問題，然後再傳拳術。」

願所有習武者，身體力行，以武證道，不做糾糾武夫，做一個中華傳統文化的傳承者。

文以載道，武同樣是載道之器。

## 附：汪傳楊式太極拳陳田良老師一脈的門規師訓

## 門規師訓

太極拳是中華傳統文化的瑰寶，習練太極拳者應以嚴謹恭敬的態度學習、繼承、傳播這一國粹。習武者應以武德為本，修身的同時更要修心，以達到性命雙修的目標。為給日後的傳承定下一個規章，特制訂本支脈門規師訓，入門弟子須遵照執行。

一、忠孝仁愛，尊師重道，不可輕師忘義；

二、遵紀守法，見義勇為，不可逞技欺人；

三、勤學苦練，不圖虛名，不可炫耀無禮；

四、 珍重傳承，維護師門，不可自傲自滿；

五、 以德為先，恭敬謙虛，不可爭強鬥狠；

六、 嚴格把關，首重品性，不可妄傳匪人；

七、 心胸開闊，相容並蓄，不可故步自封；

八、 讀書明理，坦誠和善，不可貪戀邪財。

凡自願拜師並蒙師父收錄的入門弟子，應做出承諾並嚴格執行。在習拳、教拳過程中，將本門的傳承放在首位，不可當面一套，背後一套，搞兩面派。在傳播太極拳的過程中，要以追求真理之極致為目標，以汪傳楊式太極拳理心法為方法脈絡，不可盲修瞎煉，狂妄自滿，另立宗派，欺師滅祖。要尊重本地風俗與法規，不可標新立異，影響師門聲譽。

凡違反門規者，由老師及師門長者批評教育，不知悔改者，逐出師門，並通告同門。其造成的不良後果，由其本人負責。

## 四、拳中覓知行

太極拳的道理深邃，玄之又玄，但練不到身上，就全是空談。

荀子曰：「不登高山，不知天之高也；不臨深溪，不知地之厚也。」宣導的是「行」的重要。我們先後在北京昌平和海淀開辦了太極內功心法研修，進行小規模的實

踐，開展了一系列的探索總結

2015 年 10 月，數位來自山東、廣州、海南和北京本地的拳友聚於海淀鳳凰嶺下，開始了為期七天的楊式太極拳內功心法研修封閉集訓。拳友中有的習拳二十多年，有的毫無基礎；有的習練南拳數年，有的專攻太極，共同的愛好與追求，讓陌生人迅速成為朋友。

拳友們初次接觸，總是要帶來一些質疑，同時也提出了許多自己練拳中的問題，這一點研修班主講老師馮振宇和我已經習慣了。畢竟有些理念和訓練過程與大家以前所認知的不大一樣，或者應該說是很不一樣。

沒有疑問就沒有探討，沒有鑽研就談不上進步。從內勁的發放，技術的應用，擊打與抗擊打的體驗，大家一起交流甚歡，欲罷不能。有交流才有認知，有認知才有認可。當認可之後，帶來的卻是一種思維上的顛覆。

太極拳，吸引人的首先是太極的哲學理念，拳是它的載體。數年功夫，一經交手，空洞無物，為人所制，太極之理未悟耳。

無極、太極、陰陽、開合、虛實，這些詞語大概凡是練太極的皆能說個一二，如果深究其義，並且能在身體上做出來，想來不是那麼容易的了。正如陽明先生王守仁提倡知行合一，有人曲解其意，以知代行。用我們拳裡的話講，這是空的，沒東西。

知從何處來？

有理入，有行入，有學知，有身知。

練太極拳，我們提倡身知。身知，就是「悟」。

悟，是東方文明獨有的一個詞。太極拳作為我們中華傳統文化的瑰寶，體悟是其重要的組成部份。顧其名，思其義，體悟之體便是身體力行，悟便是由此而生發智慧的過程。船山先生王夫之說：「未嘗離行以為知。」那麼離開「行」的智慧就不是真智慧，明悟拳理但做不出來的悟，就不是真悟。

呵呵，無論你悟與不悟，拳理就在那裡。

惟其知也難，惟其行也艱。

太極拳首先要改變思維模式。

撼山易，撼執念難。空想是沒用的。

用力習慣的改變，身體結構的合理安排，不經過大量簡單枯燥的訓練，並在身體上形成新的條件反射，是不可能出現的。

封閉集訓中，一次次的試手，一次次不同理念與身體實際結合後的碰撞效果，終於使拳友們瞭解到，思維的變化會讓人體產生多麼大的變化。這個變化是神奇的，這個知的過程是艱難的，否定自己的習慣是個痛苦的事，但更艱難的是讓自己的身體去習慣自己的否定。這個光靠與老師試手、引導是不行的，要有一個痛苦的、自我修煉的過程。

葫蘆架下練太極是個很美的場景，但每個研修者都沒時間去張望那些綠油油的葫蘆。因為正在站樁內觀。有的拳家提倡樁功，有的不提倡，其實這都是形式。重要的是從這裡面體認到什麼，注意，不是你怎麼想的，是體認，是你身體怎麼認為的。

圖1-1　振海太極學堂太極內功心法研修班訓練

　　你的身體把自己認識到的東西傳給你的大腦，你的大腦理解了，並能夠把這種理解複製出來，可以指揮你的身體按這樣去做，就是一種體悟。悟不是一次性的，是逐步遞進的，是變化的，它沒有盡頭。

　　簡單的動作，枯燥的重複，每個人的內心慢慢地打開了，感知，接納，包容，每個人都會有不同的感受。練習的過程應該說是挺苦的，一個單式打一個多小時是常事。大密度的練習，帶來的效果是非常明顯的。在這個過程中，身體出現了各種感知，大家一起討論個中的現象，發現拳論上說的真對，言簡意賅，我們囉哩囉嗦一堆話，老拳論上幾個字就概括了。

　　哈哈，知行合一了嗎？

　　那種身體感受與書上道理相契合的通透，是一件非常美好的事，用文字無法表達。一步有一步的知，一步有一

步的行，權當是知行合一吧。

　　這時候再談拳理，就不是空談。什麼叫鬆？什麼是懈？什麼是鬆了之後還有一鬆？怎麼才能不傷神、不耗神？如何舒舒服服地練拳？什麼是養生？什麼是放鬆內臟？

　　古人云：師父領進門，修行在個人。進門太重要了。不過進了門，才發現路其實還很遠，還要付出更多的辛苦，但腳下有路，心裡總歸要踏實些。

　　以懷疑的態度探究理論，用不疑的行動去實踐。聰明人要下笨工夫，才得成就。

　　習拳雖是小道，不可貢高我慢，卻也不可以自我輕賤。文不盡言，言不盡義。取法乎上，乃求是技。

# 第二章　業精於勤

## 一、巧持其末，不若拙守其本

夫真觀者智士之先覺。能人之善察也，一食一寐，俱為損益之源，一行一言，堪作禍福之本，巧持其末，不若拙守其本，觀本知末，又非躁競之情，收心簡事，日損有為，體靜心閑，方可觀妙，然修道之身，必資衣食，事有不可廢，物有不可棄者，須當襟以受之，明目而當之。勿以為妨，心生煩躁，若因事煩躁，心病已動，何名安心。夫人事衣食，我之船舫也。欲度於海，必資船舫。因何未度，可廢衣食，虛幻實不足營為，然出離虛幻，未能遽絕，雖有營求，莫生得失之心。有事無事，心常安泰。與物同求不同貪。同得而不同積。不貪故無憂。不積故無失。跡每同人，心常異俗，此言行之宗要，可力為之。

——王重陽祖師十論中的《論真觀第五》

我非常喜歡文中「巧持其末，不若拙守其本」這一句，大巧不工，不要追求新奇巧妙，守拙就夠了。

自從馮振宇和我開辦楊式太極拳法內功心法研修班之

後，視頻總結上傳到網路上，不少拳友對此有很大興趣，紛紛在網上與我交流，北京的拳友與我見面後也是問我這個怎麼做？那個怎麼做？那個效果是真的？還是假的？我都逐一老實作答，但心中卻有一種遺憾。無他，大家的關注都在末節，在效果，在表現出來的花樣，在有沒有什麼秘法，卻少有刨根問底的。

我們不可能全天不吃不睡只練拳，即使這麼做了，也不一定是對的。往往練拳是練拳，與生活不相干。如何在日常生活中體悟太極，讓太極與生活融為一體，真正做到生活無處不太極，才是我們真正要思考的。

有意無意之間，人們總是覺得太極很神奇，認為太極就應該神奇，而且心裡恐怕還想讓太極更神奇，最好神奇到超出想像，卻遺忘或選擇性地忽略了它平凡的一面。不管太極是一種智慧，還是一個拳法，它總是要落在實處的。是拳就要能打，要從一拳一腳練起；是智慧就要能指導生活，能於一點一滴中體現。

有一句話，叫「得其一，萬事畢」。這個「一」令人無限迷戀，然而萬事不畢，哪兒能得到這個一？拳總要從基本功上著手，自己得出來的東西才是真的。總遇到有的拳友在探尋諸如「凌空勁」之類，非此則不言，非此則不學。可歎漫漫求索路，雲深不知處。

無論這個拳怎麼練，人總要首先解決如何坐，如何站立，如何行走，如何吃飯，如何睡覺，進而到如何處理人與人的關係，如何完成一項艱難的工作，如何與人同行，如何與人對抗，諸如此類。這些做好了，拳在其中矣。這

個「一」不用往外瞎找，就在我們身上。既然是「一」，就一定是簡單的，就是我們要拙守的那個「本」，不要動小聰明。

哪個是太極拳中「本」？

先摘一段孫祿堂先生《詳論形意八卦太極之理》中關於太極的文字：

「太極拳發明於張三丰師，盡人知之。惟練此拳之起點，當先求一個不偏不倚、不上不下、至簡至易之道。拳經云：抱元守一而虛中。虛空而念化。實其腹而道心生，即此意也。太極從無極而生，為無極之後天，萬極之先天，承上啟下。能與天地合德，日月合明，四時合序。與鬼神合其凶吉。練到至善處，以和為體，和之中智勇生焉。極未動時，為未發之和，極已動時，為已發之中。所以拳術一道，首重中和。中和之外，無元妙也。故太極拳要純任自然，不尚血氣。以蓄神為主。周身輕靈，不即不離，勿妄勿助，內天德而外王道，將起點之極，逐漸推之，貫於周身，無微不至。易曰：黃中通理，正位居體。即此意也。昔年曾聞之云：此起點之極；與丹道中之元關相同。」

說得很清楚了，「本」就是起點之極，就是我們拳裡常說的「中」。從太極拳的修煉狀態上看，抽象地說，它是座標原點，是零。如果從技術上講，「中」也有它特殊的意義，它無處不在，是太極拳修煉的核心。太極拳的

「本」就是「中」。

怎麼守這個中？

拙守。能夠不為繁花遮望眼，把握基本規則，一步一個腳印地走在太極的路上就是正確的態度與方法。練拳許多人喜歡談開悟，似乎一開悟就全會了，不用練了。

什麼是開悟呢？我體會，一件事你做不好，就去思考怎麼才能做好，想來想去想不明白，怎麼辦？那就接著做吧，做著做著，突然一下，你明白了，就是開悟。如果不做，光在那裡想，你一輩子也摸不到開悟的門檻。何況太極拳還講究是體悟。

你想明白了，身體不能明白地做出來，還不叫悟，只是假明白。而且悟了之後，不是一勞永逸，有句話叫悟後起修，腳下的路才剛剛開始。

「獨上高樓，望盡天涯路」之後，還要用「衣帶漸寬終不悔，為伊消得人憔悴」的傻勁兒磨煉，才能最終達到「驀然回首，那人卻在，燈火闌珊處」的結果。三重境界，難在中間的不離不棄。

## 二、用 中

劉金印先生在《汪永泉傳楊式太極拳心法探秘》序二中，以「以中碰中」為題，詳細介紹了汪傳楊式太極拳技擊功法的這個核心內容。

汪公仙逝前，劉金印最後一次到家中學拳，問汪公：「練太極拳最重要的是什麼？」

汪公回答：「得中。」

　　「中」，是「中心」的簡稱。這裡所說的「中」，都是從技術角度而言的。既有形體上的「中」，也有心意上的「中」。

　　回想初練太極拳，哪裡懂得什麼中不中的，拳還比畫不協調呢。後來學了揉手，在東倒西歪中，最常被老師批評的是「你的中沒了」，這才有了些許「中」的意識。老師讓回到拳裡去找。

　　刻板地找「中」，找到的都是僵勁。

　　一開始能找到重心，以為這是「中」。但在實際揉手中發現，以重心為「中」，往往會頂牛。

　　汪公遺著《楊式太極拳述真》中第一章第一節講內功時，有這樣一段話：

　　「隨著功夫的進展，還必須做到內外相合。可以假想自己的身體是一個大氣球，在球內有一個水平線和垂直線互相交叉的十字，十字交叉處在圓心，好比是自己的中心點。練拳時要求的『四梢平』就是指十字橫豎線的四個端要保持平衡。

　　找平的要領是：十字的橫線標誌著兩肩相平，保證人體不致傾斜。十字的分隔號垂直在百會穴與尾閭之間，體現『虛領頂勁』和『尾閭鬆垂』，胸椎前側的十字線交叉點即是身體的中心點，這是練習太極拳必須注意的關鍵之處。」

　　這段文字說到的「中心點」，是不是「中」呢？

　　我用實踐檢驗，發現只要我注意到我自己這個中心點，就是我被拿住的時候。看來這個是「中」，可我不會使，只能用來挨打。

　　《述真》第三章第二節揉手內功中，多次提到諸如：

　　「要掌握對方中心，就要使自己的鬆散勁滲入對方中心，然後再吸引和發放對方。」（231頁）

　　「在練習揉手時，主要是將自己的神、意、氣發出，影響對方中心」（232頁）

　　「在揉手過程中，要使自己的鬆散勁滲入對方體內，並由頂力四周圍集中通向對方中心，控制其勁源。」（232頁）

　　「如果對方找我的中心，我應全身鬆軟圓活，將對方來力引向身外。如果我未能找到對方中心，就要誘使對方暴露中心，透過聽、問、拿、放掌握之。」（232–233頁）

　　「與對方接手時，一手按在對方胸前，即將內勁滲入對方中心，然後用手輕輕抓起，對方必隨之前傾。同樣，雙手按到對方兩前臂上，要將內勁滲到對方中心，然後輕輕抓起，使對方隨之前傾。如果由手通出的內勁不能影響對方中心，則對方就不會前傾。」（235頁）

　　「如遇對方轉攻為守，就必須隨之進身，不使對方中

心脫離我內勁的控制。」（235頁）

「老拳譜中有「引進落空合即出」的講法，……『合即出』是指對方被引進落空後，必暴露中心。我將神意氣集中於對方已然暴露的中心，對方即被發出。」（236頁）

還有不少段落強調中心的作用，看來這是一個很關鍵的問題。幾乎所有有關發勁、拿人、攻守的論述，都與中有關。

怎麼用好這個「中」呢？粗淺地說，保護自己的「中」，去找別人的「中」。

師爺高占魁說：「周身合適，萬法歸中。」

這個能理解，身上完整一氣，不妄動，不散亂，「中」自然會顯現出來，我就可以體會到自己的「中」。

師爺又說：「什麼都沒有了，就是藏中。」

這應該是說保護自己的「中」了，不過就有些令人費解。「中」可以藏嗎？人體這個中心點是客觀存在的，我能把它藏起來？

藏哪兒？

師爺說：「經常把中藏兜裡。」這地兒藏得，真不好找。

怎麼藏？

上文說的那半句，「什麼都沒有了」就是方法，就是藏起來了。

藏起來幹嗎？是不讓對手找到，找不到他就控制不了

我，發不了我。

我要想發對方，也要找到他的「中」。

甭管「中」去哪兒了，我也得把它找到。

怎麼找？

劉金印先生在「以中碰中」那篇文章中說到，汪公傳「中」的功夫有二個階段。初級階段，透過聽、問、拿、放，找「中」，確定「中」，擊發「中」。高級階段，自己意氣放鬆，形成氣球，不去找「中」，讓對方把他的「中」送上來碰。

這個高級階段很令人神往。

陳田良老師也說過：「中像水銀柱，能上下動。」

看來「中」是個活物，不是固定在一處的。它靠什麼動？上文說到了意氣，就是它。「中」本身就是由想像、感知出來的，人改變不了自己的身體結構，但我們的意是活的，可以指揮我們的身體做相應調整，「中」就活了。

## 三、且行且珍惜

徒步行走這種健身運動現在是比較流行的，因為「走」，誰都會，不用老師教，不像跑步、游泳、瑜伽等還需要專業人士指導。

其實跑步也是人人都會，只不過跑不好會傷關節，不過一般人也不太注意這個。不久前聽北京交通廣播中說到，有一位先生每天堅持五公里跑步，幾年下來，走樓梯都費勁了，膝蓋傷了。不跑了，開始練平板支撐，這下子更厲害，肘關節傷了，抬胳膊都不行了，正在苦惱中。我

們要以此為戒。

那麼走路，是不是就不會傷呢？有位堅持徒步十數年的朋友說，不正確的姿態還是會讓人體關節受到衝擊、傷害，只不過平常人們走得少，不明顯而已。

人生下來，一般除了一歲前只會爬還不會走之外，便從來沒有停止過行走。現代社會的交通便利使得我們漸漸遠離了這項本能。進化論說，人體功能不用就會退化。我們有誰希望這樣嗎？顯然，沒人願意。

太極拳已是公認的健康運動，那太極拳有沒有關於行走的健康訓練方式呢？

據載，清光緒皇帝的老師翁同龢大學士觀楊式太極拳祖師露禪公精妙的武藝後贊道：「楊進退神速、虛實莫測、身似猿猴、手如運球，猶太極渾圓一體也。」並書贈對聯「手捧太極震寰宇，胸懷絕技壓群英」。

我們不能親見祖師之形，但總能想像一二。「進退神速、身似猿猴」這八個字，說明了什麼，說明太極拳不是站著不動的，緩慢的，而是有進有退，有速度的，沒有「行步」的功夫，何談進退神速？

再說汪傳楊式太極拳，我同樣沒有親見過汪公永泉，沒有那個親聆教誨的榮幸，那麼汪公有沒有「行步」的功夫呢？

所幸汪公當年的弟子還有健在者，汪公遺著還在，弟子們寫的書也還在。書上雖然沒有寫明具體功法，但我們仍可看到「行步」的功法要求。

《楊式太極拳述真》是經汪公口述並審定的，書中第

一章第一節在講到身形時，寫到：「雙足在運動中需要鬆活。前進則足跟先落地，後退則足尖先落地。無論何種步法，均要使重心在「二點」與「四點」之間，處於靈活狀態。」第一章第三節關於「上下相隨」寫到：「以腰胯帶動下肢，兩胯鬆散，兩腿放鬆，使意氣得以下沉到足心。移動重心時，兩足要互相配合，協調運動，輕靈地變換虛實。」

如果說，《述真》一書更多地是從盤拳角度說明下肢步法的運動，那麼劉金印先生整理的《汪永泉授楊式太極拳語錄及拳照》一書就明確提出了「行」功概念。《語錄》上篇總論第二十條，隨時隨地練功夫。寫到：「練太極拳功夫的方式、方法有幾種，如：站樁、盤架子……等等。對這些，汪永泉老師都進行過詳細的講授，其中有很多獨到之處。此處，他還教了一種重要的練功方法：在日常生活中隨時隨地練功夫。主要是指太極拳的基礎功——知己之功。……在日常生活中注意使自己的身心狀態符合太極拳的基本要求，……使太極拳生活的基本要求成為自己的習慣狀態，像是身體的一種本能。」

下面是記錄的汪公原話：

「練功夫，不能只限於打拳，在日常生活中，包括工作、學習、看電視、幹活、休息、散步……，無論坐、立、臥、行都要練功夫。」並且汪公還指出了習練邁步前進的要求：「虛實轉換，輕鬆自如」。

汪公所言雖然是針對當時在中國社科院授拳時的情況，但不難看出，汪公是提倡「行」的功夫的。

　　另外，我曾聽聞汪脈某前輩用摟膝拗步這個式子前行二公里，然後再用倒攆猴打回來，以此練功夫，後人為此也是津津樂道，視為刻苦用功的典範，我是很欽佩這些前輩的。

　　如果我們偷點懶，去掉摟膝拗步手臂的動作，以太極拳的身法和摟膝拗步的步法要求去走上二公里，就與我們目前探討的太極行步功很相似了。

　　我們在楊式太極拳內功心法研修實踐中，根據流傳在北京的三種楊式太極拳（大架，汪傳楊式太極拳老六路，少侯小架）中關於手眼身法步的要求，將其與徒步行走結合到一起，總結出一種太極行步功。用太極的理念來指導行走，這樣就極大地減少了出現錯誤姿勢的機會，保護了關節；另外，也借鑒了佛教禪宗中的行香方法。

　　特別是幾年前作者曾親見一位日本僧人在東京新宿鬧市中托缽化緣，他的行走姿態至今讓人記憶猶新，也感慨良深。我不知他有沒有功夫在身，但他於鬧市中托缽獨行，不言不語，其身形姿態與太極拳的虛靈頂勁，中正安舒，不偏不倚，如出一轍，其身之動，不疾不徐，神態安詳，全身散發著一種無法言說的精神力量。由他身上觸發的感悟也被溶入到太極行步功之中。

　　太極行步功，是把太極拳對身體各部位的要求引入到徒步行走中，同時也在行走中體會太極拳的要領。其主旨是讓我們怎麼更好、更快、更輕鬆、更安全地行走與運動。

　　據徒步資深人士測算，使用太極行步功，除了讓身體

更舒服，關節更輕鬆之外，平均時速可以提高10%左右，因此得到了不少愛好此項運動者的青睞。在徒步團體中介紹、推廣後，據回饋，實踐者都有不同程度的良性反應。

太極行步功的功法：依太極拳的要求調身，行走中保持立身中正，虛靈頂勁，將全身提起，關節放鬆，鬆肩垂肘。以胯提大腿，大腿提小腿，小腿提踝，將腳向前踢（悠）出去，貼地而行。落地時，足跟先著地，隨即足底踏地，使重心迅速向前移動，避免重心砸地，衝擊膝關節。目光遠視，心意放開，體會內臟放鬆的感覺，使身心都得到鍛鍊。徒步結束後，還要有專門的方法來緩解疲勞。

生活無處不太極，行住坐臥皆功夫。拳拳服膺，念茲在茲，才是真正的拳道。

已故禪宗大德，前中國佛教協會副會長淨慧法師曾贈作者四字「保任此心」。每思及此，常自慚愧，我們往往在紅塵中丟了初心，重溫這四字與諸君共勉。

## 四、鬆是練出來的，也是打出來的

放鬆是太極拳中的永恆話題。與此相關的書籍、文章可謂汗牛充棟，有關的功法也層出不窮，都有道理和一定的效果。前人論述不再重複，只就自己學拳經歷，談些體會。

放鬆不易，初練太極拳時，渾不知鬆為何物，只想不用力，卻偏偏放不掉力，很是苦惱。

老師在我盤拳時經常指出的問題是：妄動多，動作太

大，肩亂晃，帶形。應該肩與腰胯合住，不得隨意晃動。肩上二分，肘七分，腕一分，按此行拳。發力在肘，變化在肘，手掌不能過於靈活。

　　肩合住，外三合有了，揉手就有了腰胯勁。腿紮住，只用腰轉，發力，這樣才對。

　　老師說得容易，但在盤拳和揉手時，如何做得到？我的毛病在於一動就想使勁。老師總說，要用意，切記！切記！

　　時間長了，慢慢對鬆有了體會，用了力就不順，就僵。不用力又要做出動作，於是有了伸展，動作就不是用肌肉力量催動的了，關節能鬆開些了。但還是零散的，局部的，往往出現各種新問題，太極拳的要求是非常豐富的，顧此失彼的情形經常發生。

　　有師弟曾在盤拳時特別注意腰頂的問題，結果練了一段時間，腰就疼了。老師說，頂就一下，哪兒能總頂著，平時要鬆。

　　後來終於覺得自己鬆了，自己說不行呀，要用揉手檢驗。結果一下露餡了，老師說還是不鬆。真是處處是關隘呀，還得回去練。

　　不過，我倒是在和老師揉手時發現，被老師打出去時，身上鬆與緊是不一樣的。緊了難受，鬆了會很舒服地被發出去。這倒是個好辦法，不過得多挨打。怪不得人家希望多被太極高手「打」，越挨打越長功夫。不過機緣難得，大多數高手是「寧說十手，不摸一手」的。有個能經常陪你過手的太極高手是多麼不容易呀。

老師常說，鬆肩是個大關口，太多的人「死」在肩上。而且這個鬆還是有次第的，當你認為已得到鬆了，實際上還差得遠。曾幾何時，我自覺雙臂輕鬆如意，能與眾師弟周旋，一摸老師的手，立刻就緊，尤其是肩。一日有一日的鬆，鬆無止境。

身上鬆了，才能體會老師的勁路如何在身上走，如何發放自己。有了阻礙，就是緊張的地方，馬上要放鬆掉，不然會被打得很慘。打著打著就學聰明了，知道怎樣才能不挨到打，至少打得輕一點，鬆慢慢成了習慣，勁也在不知不覺之間上了身。

鬆要在對抗中體現，不是自得其樂。所以說，鬆是練出來的，也是打出來的。

在某一次和老師揉手時，用了力，挨了打，我問老師：「怎麼才是鬆的狀態呢？」

師曰：「不給對方添勁。」

我頓時醒悟，再試，把手、腕、肘、肩都含起來，不把勁露出來，手指聽勁，用時才把腰、胯及至尾閭連上，手上頓時輕靈，心中含著八種勁。

老師說：「好，就是這樣。」

我以前也想過這麼做，但自己不敢肯定自己，好像那樣就什麼都沒有了。原來的狀態是把掤勁放在手上，與手硬的人推，他自然站不住，但和內行推，勁就露形了。放下自己，別怕挨打，打著打著就鬆了。

多讓老師打一打吧。

## 五、空氣是最好的沙袋

過去老輩拳師有打空兒的說法，還有說抓空兒的，都是不藉助外物的練習方法。空是不是指空氣呢？我們只能猜測了。

打沙袋鍛鍊的用處不必說了，各家有各自的練法。打空呢，打的是什麼？天津練太祖拳的朋友曾和我說過一句話，「空搗力無窮」，其中道理值得思索。不過他說的空搗是用力往空處打的意思，打得遠，打得透。太極拳的練法和這個還是有區別的。

有人說太極如摸魚，魚在水中游，手自然要在水中摸啦，空氣就是那個水，打空不如改為摸空。盤拳時體會摸空，有幾點好處。

一是，體會空氣阻力，鍛鍊靈敏程度。空氣阻力小，可以練聽勁，大的阻力會讓身體起不該起的抗拒反應和緊張，分散身體的注意力，所以不提倡人為加大阻力的配重練習。

二是身體在空氣中運動，手起了引領神意氣運行的作用。汪傳太極拳，講手為神意氣指路子。此時可以忽略掉空氣本身的品質、密度這些東西，視它為空，神意氣打破這些物理束縛，穿透過去，遇到對手時，也要視對方為空，像捅窗戶紙一樣，作用到對方身上，穿透對方。一般情況下，我們是空不了的，思維習慣了對方的勁、對方的肢體都是實實在在的，這個需要鍛鍊而得。練拳無人似有人，對敵有人似無人，恐怕也是這個理。

勁分聚和散二種，無論聚散，都是神意氣的作用。汪公講：「手的功能是偵察、掌舵、通勁兒，不是打人的，發勁的是肘、肩、脊等這些部位。」那麼練拳時，手只管去摸就是了。

　　練拳要循序漸進，能在空氣中摸，在沒有阻礙中摸出阻礙來，克服它，等遇到真阻礙，你就當它是空的。好比困難這東西，你把它當回事兒，它就真是個事兒，如果你不把它當回事兒，可能它就真不是個事兒。當然這只是可能，但總比先認為自己不行要好些。

　　借假修真，把假的當真的一樣練習，真的來了也會被你視為假的，假的最後也變成真的了。

　　高中物理課上說物質就是一堆粒子以某種形式組合在一起，中間絕大部份空間是空的。更有人說物質不過是能量的一種表現形式，或是頻率的聚合。

　　假想一下，你能打破氣態的空氣，打破液態的水，能打破粒子結合不那麼緊密的一張紙，那麼能否打破粒子結合相對更緊密的固體呢？比如石頭、鋼鐵。我覺得這個不一定只取決於你的手是否更堅固，也許還有更高深的道理我們沒有發現而已。

　　摸空氣，摸空，要把自己放鬆掉、放空去體會，緊張時是摸不到的。《莊子‧養生主》中庖丁解牛後說了一段話，其中有言：「彼節者有間，而刀刃者無厚。以無厚入有間，恢恢乎其於遊刃必有餘地矣。」梁惠王聽得此言得其養生，我們能得到什麼呢？

　　我們需要比空氣還空，才能遊刃有餘。

## 六、時間的誤判

兩人搭手時，對時間的把握很重要。我快，對方同樣也會快。如果只比誰手快，離太極拳的味道就遠了。

心理學中對感知時間是這樣說的：時間知覺是對物質現象的延續性和順序性的反映。

影響時間知覺準確性的因素很多，在估計時間的準確度上，聽覺最高，視覺最低，觸覺居中。急性子的人，思維快，視覺感官靈敏，容易低估時間，即覺得時間過得快。觸覺是本體感覺，要慢一些，會讓人高估時間，即會感覺時間變長，變緩。

用觸覺和語言讓對方產生時間上的誤判，而我則使用高頻率的動作進攻。我快了，讓對方慢下來。或者說是破壞對方的反應機制，讓他對我的運動速度產生錯誤判斷。

語言可以擾亂對方心神，用慢的語言頻率，使他的思維掉入我設定的情景，反應變緩。而我的動作頻率與語言頻率無關，直接產生作用。

觸覺上，可以用接觸時的壓力變化，位移，來延長作用時間，使對方認為作用的時間加長，並產生時間會更長的心理誤判，哪怕這個誤判只是一瞬間。皮膚感覺的感受器都在皮下，呈點狀分佈，且密度不同。手指和面部最靈敏，其他部位次之，背部相對最不靈敏。所以太極拳聽勁用手指最普遍。

例如，拳中有口訣：「刺皮不刺骨。」我接觸對方時，手上給出的勁很微小，接觸後在觸點給予對方較輕壓

力，力量只滲透到皮肉之間，隨即我主動帶領觸點做輕微的位移，對方觸覺神經認為我在接觸點延長運動時間，且沒有產生實際威脅，會隨我的運動去判斷我的意圖，而不是立即做出反應，於是身體上產生僵滯並有隨我的運動方向而相向運動的趨勢。而我則利用這一點，迅速完成從聽勁到問、到拿的過程。

如果「刺骨」，那麼出的勁較重，滲入肌肉深處，觸及骨頭，骨能傳導力，對方會感到力量由觸點進入身體，對骨架結構產生作用，有受到威脅的感覺，會立即做出反應，以抗擊我滲入的力，導致因我力先發出，而陷入被動。往往表現為在接觸點上頂，所謂「刺骨必被堵」。

說來容易做來難。想欺騙對方，讓他犯錯誤，自己輕靈圓活的功夫必須得好，尤其是鬆。鬆不下來，就做不出來。不鬆，手上就輕不了，重拙的勁，如何去刺皮，恐怕直接就捅到骨頭上了。

## 七、運動與知覺

人們常說太極拳是知覺運動。怎麼把這個觀念用到實踐中？

老師在教如何控制對手時，有這樣一個方法。用手腕去串對方的肘，或用肘去串對方的肩，屢試不爽。

道理在哪兒？

我在心理學中找到了一些解釋，姑妄言之。

物體在空間中發生位移，我們感覺到這一運動，就產生了運動知覺，我們就認為它移動了。但生活中有一種現

象，物體明明沒有移動，卻被感覺為運動，這種現象叫似動現象。

例如：常見的一些建築物外輪廓裝飾彩燈，按順序逐一點亮，但人們看上去卻像是一盞燈在繞著建築輪廓跑。造成這個現象的原因是我們自己腦補出了運動的情節，把中間沒動的那一節給連起來了。

人在感覺到運動軌跡後，心理上會自然而然地沿這個軌跡的方向前進。這一點和上文所說「刺皮不刺骨」也有一定相通之處。拳譜中還有一句「引之使延長」，也在說明這個意思，而且這句說得實際上更明瞭一些，這就是腦補。也即無論我向哪個方向運動，他都會自動把我沒完成的運動軌跡腦補出來，在頭腦中形成知覺，並指揮肢體按那個軌跡運動。雖然他會馬上意識到這樣不對，但是晚了。

以串肘或串肩為例。我的運動方向是由腕向他的肘運動，我不能真的去捅到他的肘上，那樣我發出的力大，刺到骨，距離長，也暴露出意圖，對方一定會反抗、變化。要用意，掛著點肉皮，向肘運動那麼一小下。對方的感知會自動向肘的方向延伸，導致肘腕串連起來形成棍兒，被我拿住。如果對方有防備，那麼我要帶著他的肘向他肩的方向串，把肩肘串成棍兒，進而影響他全身。一般情況下，他是不大可能同時在二個方向上防備的，尤其這二個方向還是交叉的。

這就是利用了知覺與運動的關係。以知覺控制運動。

個人見解，太極拳的沾人也是同樣道理。

## 八、錯覺的應用

同樣長短的二條直線，當它們平行時，我們很容易感知它們是一樣長的。但當其中一條垂直於另一條時，我們會感覺橫線短，豎線長，這就是錯覺。類似的錯覺還有很多，而且它是不以主觀意志為轉移的。不管你怎麼去避免，它都是客觀存在的。

太極拳中有不少這樣的應用，例如，汪傳楊式太極拳中的「滾錯折磨」。

接手時，先向對方一個點上出勁，對方必然對這個點產生感知並做出反應，這時我用「滾錯折磨」的手法，離開這一點，拐彎、錯位、翻轉、畫圈，總之是改變了運動路線，然後從另外位置再向同一點出勁。

對方因我的運動產生錯覺，不認為我發的是同一個點，放棄了對這個點的防守，轉而注意我改變後的運動軌跡，導致我以實擊虛。

我的第二擊不能和第一擊在同一條線路上，必須有錯位，否則對方會回到原來的狀態，致使我的第二擊無效或都造成「頂」。

錯覺是個挺好玩的東西。太極拳很多地方也是在研究人的感覺，自己總保持中正，讓對手犯錯誤，並把錯誤送到我手上來。

但願將來能有某種儀器，可以模擬人類的各種感覺，那樣的話，學習太極拳就不會那麼難了。

## 九、摘開腰胯能捨己，沾黏連隨要吞人

捨己從人，但凡練太極拳的都聽過這四個字。單個字都認識，放一塊就讓人費了思量。捨了自己，從了別人？那不找打嗎？

剛練太極拳，基本上是做不到這四個字的。捨掉自己，這個境界太高，我們的思維習慣是固守自己，也類似佛家講的我執。練太極拳最難的是改變思維。

練習太極揉手時，往往可以體會到，強調「我」的時候，就會在與對手的對練中產生諸多的「病」狀。我在學練太極初期，多犯頂扁丟抗等病，老師總說要捨己從人，可真心是做不到。後來在書上看到鄭曼青先生自述，夜夢斷掉雙臂，醒後即明放鬆之理，第二天與人推手，可輕鬆勝之。可惜我一直也沒做成這樣的夢，難道要去學習禪宗二祖慧可大師斷臂求法？這也下不去手呀。慚愧，求法之心不堅。

某天，在某師弟家聚會，和老師在樓下聊天談拳，搭手試勁。陳師勁來，我身體轉化，化不掉時，不自覺地勁由腳起，丹田與命門一合，腰胯發勁，上行到手臂，要以力頂力。誰知陳師忽用手沾我雙臂，說了一句：「我把你的腰斷了。」

立刻我發現上到手臂的力量已經是無源之水，後勁全沒了，變成了死力，身體輕飄飄，陳師一揮手就把我打走了。我覺得好奇怪，再試一次，還是這樣。

問老師，陳師說：「你發勁得用腰啊，我把你腰摘開

了，你就發不了勁啦。」

為了讓我體會，老師又試一次，這回，他摘開我的腰，讓我發不出勁來，然後說：「我再給你把腰安上」，剛說完，我就發現勁又從腳下上來了，一下子到了手上。

老師說：「反過來也一樣，我還可以主動摘開我自己的腰，讓你打不著我。我全都跟著你走，這是捨己從人。」

我一試，果然，雖然扶著老師的胳膊，但就是找不到他的勁源，試探過去的勁，如泥牛入海，蹤跡全無，我的勁力在他身上全然無用，反而有種隨時會挨打的危機感。

我問：「這樣，那我應該怎麼辦？」

陳師說：「你不讓我摘開就行了。」

這是幾年以前的事了，那個感覺一直沒忘，當時做得不太好，因為刻意去做了，心裡緊，身上也緊，後來慢慢明白了，凡此皆是意。

有人講腰胯合一，有人講腰胯要分，各有道理。我的體會還是要腰胯分開，能開能合才好。汪公永泉講過九曲珠的用法，有串起來拿整對方，鬆開線頭容下對方的勁兒，珠子要靈活，不能接自己的腰，等幾種說法（詳見《汪永泉授楊式太極拳語錄暨拳照》一書中關於九曲串珠部份）。雖然沒有明確說腰胯和珠子之間的關係，但第九顆珠子在尾閭，後四顆珠子在「中」和尾閭之間，顯然已包含了腰胯。

汪公強調後四顆珠子（包含腰胯部位）要保持鬆軟圓活，聽問拿是要讓對方的後四顆珠子對死，線拉直，連起

來成為整體，使其僵硬，失「中」。

由汪公所講以及我與老師之間的實證，體會到腰胯摘開，就可以捨己從人，就是人為斷開了後四顆珠子與「中」的關係，身上就鬆開了，進而可以沾黏連隨。老師常說，沾黏連隨是功夫不是慫（口語：慫，有驚懼、膽小懦弱的意思）。做到這一點，就可以吞下對方的來勁，之後，拉直，對上對方的九曲珠，發放就由我了。

後來在辦內功心法研修班時，曾與某人試勁，他的馬步樁功好，本身力量很大，我的本力是不如他的。他紮上樁步用力推我，在他手挨上我時，我用所悟的東西，摘開他的腰胯，當時他說，咦，怎麼用不上勁呀？這個感覺我時時回憶起來，對身體的細微感悟都是個促進。

## 十、發人十丈不為能，精妙只在寸間變

由招熟而漸悟懂勁，由懂勁而階及神明，不是量變是質變，不只是功力的提高，更重要的是境界的變化，是空間維度的超越。

我所說的維度，不是科學的定義，僅是一種借用。當糾結於此招破彼招時，主要是力量、速度、靈活變化、時間、頻率、力的走向與關節位置等等幾個因素。當進而體會到勁由內生、不在外形，勁有老嫩，體會到意氣走向時，又上升了一個層次，涉及到的意、氣、勁等幾個因素。高層次的東西可以壓制低層次的作用，例如控制對手的意氣後，可以無視他的力量與各種變化，不在力量大小上與他較量，直接摧毀他的防禦。好比大刀長矛再鋒利，

面對機槍也是無用武之力。不過機槍再兇猛，遇到無人機轟炸，遠端飛彈，也是徒喚奈何，我想應該還有更高級的維度。

例如對於「心」的作用，遠遠沒有研究透徹；例如頻率這個東西有沒有更深刻的內涵；再例如時間，這是個恒量還是個變數？書上說的神明階段，目前還只是仰望而已，不到那個層次，恐怕是理解不了神明的，也許神明也要分層次。

據傳說楊露禪祖師講太極功夫十三層，自己只到第七層。這個境界我個人是還沒有理解到的。

然而我們不能不努力。

太極之道，惟內是求。這也是我們努力的方向。不要向外追，回頭看自己的內心。僅從目前能看到的太極功夫而言，心意的作用已是極大，我們還沒研究明白它的機制，只是看到了一些現象。所以我們研究的不是如何去發人十丈，而是為什麼能發人十丈？

只追求十丈的效果，容易單方面強調身體素質上的差異，因為強壯之後還有更強壯，以壯打弱也能有發人十丈的效果。但如果機制正確，即使發人出去一米遠，也是我們所應讚歎的，因為這與身體強弱無關了，甚至可以以弱勝強，這才是我們要追求的。

內家拳，臥牛之地可以修身心，方寸之間能夠決生死。反觀自性，內求諸己，真正的內功絕非只是簡單地運用內勁的一些方法，這是古老東方智慧的結晶。

我們都走在探索的路上。

## 十一、拳打兩不知

越練拳，越想搞明白，太極拳到底是怎麼一回事。有時候看一些前輩高手表現出來的某種能力，令自己歎為觀止。可越是探究，隨著自己的進步，越覺得深不可測，這當然也是太極拳的魅力所在。

汪公的弟子盧志明師爺曾對我講：「你沒見過汪公，是想像不到他的功夫到了何種地步的，那完全不是一個層次的事。」

我老師曾多次公開講過一件事，當年高師爺拍他一下，令他像個皮球一樣原地蹦個不停，還非常地舒服。幾十年過去，他一直沒找到別人能再現這一下，當時只顧著驚訝、興奮，也沒有把練法記下來，至今引為憾事。拍皮球這個功夫，據說汪公永泉是肯定有的，他常常把人拍起來再發出去。

前幾年永泉太極拳研究會的某位老師帶國外電視臺來拍攝錄影，我和老師及幾位師弟也在場。拍攝間隙，幾位前輩在一旁閒聊，汪公之子汪仲明先生，那年大約七十多快八十歲了，也與各位老師站在一起聊。

某老師以手去扶汪仲明師爺的肩膀，似乎要說什麼話，手剛一挨到汪師爺的肩，就不由自主前俯後仰，站立不穩，手還在肩上，身體不聽使喚了，最後不得已跳開一步，才把手解脫出來。我離得遠，聽不到他們說什麼，只看見兩人最後都哈哈一樂。

據說朱懷元大師爺有位朋友，到拳場後，從身後用手

拍他的背，朱師爺沒回頭，還向前走，結果那位朋友的手拿不下來了，只好亦步亦趨地跟著走了一段路，惹得旁邊眾人指著他哈哈大笑。我沒見過朱師爺，但朱師爺的兒子朱春煊師叔是常見的。

我聽他徒弟講過一個事，朱師叔的拳場中大家經常在一起摸手試勁，被發的一方往往順著勁蹦出，所謂逢打欲跌須雀躍。某位學生力大，常被朱師叔發出去，某次想憑力量抵抗一下，他也沒說，還像以往一樣，遞手。朱師叔也沒在意，還在和別人說話，像往常一樣，一接一送，誰知此人沒有順勁，反而加力，朱師叔覺得不對，「唉」了一聲，扭頭一看時，此人已經飛出，砸倒一片自行車，撞到樹上，受了傷，養了半個月，弄得朱師叔好生過意不去，還到家裡去給他做按摩療傷。

這些前輩事例令我對太極拳充滿了嚮往，也樹立了學習目標。

隨著習練太極時間的加長，對拳的理解也在慢慢加深。後來在自己身上也發生過三次有意思的現象，我也一直沒有搞明白，還在一直揣摩其中道理。

某次與老師、師弟們聚會，老師坐在遠處沙發上聊天，我在另一邊與師弟推手。師弟雙手正走一個按勁過來，忽然老師叫了我一聲，我一邊答應一邊扭頭去看老師，卻聽到師弟大叫一聲，我回頭一看，他正原地跳起，摔在地上。我不知道怎麼做的，他也不知道怎麼蹦的。後來問他，他說當時似乎是覺得身前一空，不由自主就跳起來。

　　第二次是辦北京內功心法研修班期間，當時是課間休息，正聊到放鬆的話題。某位學員聽勁很好，伸手過來摸我的胳膊，看我鬆不鬆。我正和另一人說話，胳膊上沒鬆開。我說，剛才沒鬆，這個是鬆。說完把胳膊往他的胳膊上一放，當時我真的什麼都沒想，他「啊」了一聲，就斜著跳躍而出。這也許和他的聽勁靈有很大關係。

　　第三次是在廣州辦研修班臨近結束時，晚餐喝了一點米酒，後勁很大。某學員希望試試他用蠻力能否壓住我。我說你隨便來，我只打你左腿。試過幾次後，壓不住，我的勁總能放到他左腿上，把他發出去。於是還想再來個猛點的，我說這樣，我沒你力氣大，那我就不在這個世界和你爭，我到天上去。說了這話，我感覺自己的心神往天上一飄，頭也揚了起來，似乎想要離開腳下這片大地，就在這一剎那，只聽到身後椅子亂響，回頭一看，他已砸倒幾把椅子，摔出二公尺多遠了。也許當時兩人身上都有點酒勁，我是一點感覺都沒有，也沒有要發他出去的心，他也不知道是怎麼回事。第二天再想複製一下，卻再也找不到那個感覺了。

　　這幾個現象當有心再去試驗時，就沒有了，無意中才會出現，不知道這算不算是拳打兩不知，但我是希望自己能夠研究明白，做到能知而且能行才好。

# 第三章　學無止境

　　十數年來，對汪傳楊式太極拳堅持進行理法探索，略有心得體會，總結如下，並基本以時間為順序，便於讀者分辨哪些是初學時的，哪些是後來的，經過對比，可以看到學拳不斷深入的過程與各階段著眼點的不同，這個過程直到現在也沒有停止，我仍在學習中。

　　有些地方有重複，因為不同階段經常會出現類似的問題。有些文字比較簡單，因為有的東西實在不好用語言文字表達得很清楚，姑妄言之罷了。

## 一、初識太極

　　我從小喜歡武術，小學開始由父親教了一些基本功和六合拳，後來電影《少林寺》放映，更是如醉如癡。期間曾向一位鄰居，也是父親一個單位的同事學習少林拳，可惜未能堅持下來。

　　1993年，我在天津工作時，經朋友介紹，向當地的一位民間武術老師齊子祥老師學習滄州鹽山的白猿通背拳。齊老師以通背為主，對八極、形意、八卦、太極都有涉獵，因我從學時就說明想學太極，所以老師在通背拳之

外，又教了我一套108式楊式太極拳。這套太極拳和現在
流傳的不大一樣，似是過渡時期的拳架，走的路線都以直
為主。拳式中有幾式現在流傳的拳中沒有，如懶龍臥道，
打獨掌，黃龍轉身，轉身搖擺二翅等。

拳譜如下：

### 楊式一百零八式太極拳譜

| | |
|---|---|
| 1. 太極揉球一二三式 | 20. 提手上式 |
| 2. 左野馬分鬃 | 21. 高探馬 |
| 3. 右野馬分鬃 | 22. 白鶴亮翅 |
| 4. 攬雀尾 | 23. 右摟膝挪步 |
| 5. 太極中定 | 24. 左摟膝挪步 |
| 6. 左烏龍探爪 | 25. 回身摟膝挪步 |
| 7. 右烏龍探爪 | 26. 攬雀尾 |
| 8. 十字單鞭 | 27. 黃龍轉身 |
| 9. 下式 | 28. 懶龍臥道 |
| 10. 提手上式 | 29. 打獨掌 |
| 11. 高探馬 | 30. 單通背 |
| 12. 白鶴亮翅 | 31. 上步肘底看捶 |
| 13. 左摟膝挪步 | 32. 倒攆猴一二三四式 |
| 14. 抱琵琶 | 33. 單鞭 |
| 15. 右摟膝挪步 | 34. 斜飛式 |
| 16. 抱琵琶 | 35. 下式 |
| 17. 上步搬攔捶 | 36. 提手上式 |
| 18. 如封似閉 | 37. 高探馬 |
| 19. 下式 | 38. 白鶴亮翅 |

39. 左摟膝拗步
40. 海底針
41. 雙撞掌
42. 單通背
43. 上步絮捶
44. 進步蓋馬捶
45. 攬雀尾
46. 太極式
47. 雲手單鞭一二三四式
48. 迎面掌一起腳
49. 迎面掌二起腳
50. 太極摸魚
51. 金雞獨立
52. 左右左三個摟膝拗步
53. 異步絮捶
54. 回身左右搖擺二翅
55. 崩子腿
56. 左打虎
57. 右打虎
58. 掩肘
59. 雙風貫耳
60. 懶龍臥道
61. 裡擺蓮
62. 外擺蓮
63. 上步搬攔捶

64. 如封似閉
65. 下式
66. 提手上式
67. 高探馬
68. 白鶴亮翅
69. 捧砂
70. 搖擺二翅
71. 抱平
72. 回身攬雀尾
73. 左右左三個野馬分鬃
74. 巧女紉針
75. 左右野馬分鬃
76. 巧女紉針
77. 右野馬分鬃
78. 攬雀尾
79. 太極式
80. 雲劈手一二三四式
81. 下式
82. 金雞獨立
83. 倒攢猴一二三四式
84. 單鞭
85. 斜飛式
86. 下式
87. 提手上式
88. 高探馬

89. 白鶴亮翅

90. 左摟膝挪步

91. 海底針

92. 雙撞掌

93. 單通背

94. 上步紮捶

95. 進步蓋馬捶

96. 攬雀尾

97. 雲迭手一二三四式

98. 三掩肘

99. 外擺蓮

100. 彎弓射虎

101. 上步紮捶

102. 進步蓋馬捶

103. 套步七星

104. 退步跨虎

105. 雙蹲掌

106. 外擺蓮彎弓射雁

107. 左右摟膝挪步

108. 攬雀尾太極回歸

　　當時練拳還是挺苦的，無論春夏秋冬，下班之後和師兄弟幾個一起騎車半個多小時去老師家。他家是平房，有個細長條的小院子，我們就在院子裡站樁、練拳。老師一般給準備幾暖壺熱水，然後他就坐在屋門口看我們練，這一晚上下來，水基本就喝沒了。有不對了老師就說幾句，下來指導一下，練差不多了，會教些新的東西，做些示範，讓我們照著練。

　　拳理講得不多，有問題時往往是上手來試驗。老師總是笑咪咪的，但是手很重，打到身上很痛，尤其是做擒拿動作時。他也管推手叫揉手，不過和後來學的汪傳太極揉手不一樣。

　　這個階段是我練拳刻苦的一段時期，當時飯量很大，根本不像我這麼瘦體型的食量。後來因為工作變動，我回了北京，老師的家也拆遷了，失去聯繫好多年。老師不在

身邊，有時會偷懶，拳這東西騙不了人，工夫沒下到就是不行，好在年輕時打下了點底子。最近想辦法聯繫上了齊師父，老師父精神還是那麼好，只是總感歎，這個拳傳不下去，年輕人不愛練啦。

當時這個楊式太極拳，齊師父說是大架，講究開展，身形挺低的，正經練一趟應該是四十分鐘左右。

## 二、得入汪門

我因工作變動，回了北京，這趟108式楊式太極拳一直在練，不過總被周圍拳友詬病，他們覺得不像是太極拳。

2002年，在樓下練拳時，偶遇汪永泉大師再傳弟子陳田良老師，跟他推手，結果被撥弄得滴溜亂轉，不服氣也不行。經過一段時間的接觸，發現汪傳楊式太極拳非常符合我心目中太極拳的樣子。本來一開始我是想請陳老師指點一下我練的拳，但陳老師說：我只能講我這套拳，別的拳我沒法說。於是開始跟他學汪傳楊式太極拳老六路，當時也沒有提什麼拜師之類，就這麼學下來了。

世事無常，幾年間工作生活發生變遷，老師也搬家了。我覺得這套拳好，一直堅持，但沒有老師的指導，靠自己摸索，真是差了十萬八千里，拳上的毛病日益增多，十分著急，好在幾經周折終於聯繫上了陳老師。

以前老師教拳是抱著你願意學，我就教你的態度。如今幾年過去，老師起了收徒弟的心，這讓我十分興奮。2006年5月28日，正式遞帖子拜師。那一天首次見到來做

見證人的汪永泉大師之子汪仲明師爺，朱懷元大師爺之子朱春煊師叔，朱師爺的關門弟子張清池師叔，我們這一支高占魁師爺的徒弟，陳老師的師弟王福榮師叔，還有永泉太極拳研究會的秘書長蕭維佳老師，他是朱大師爺的再傳弟子，師從石明師叔。

從這天起才算是真正入了汪脈的門，不過只是名義的，功夫上還差得遠。不過這樣心態就不一樣了，覺得有了師徒名分，身上也就有了責任，練不好對不住老師，更對不住自己。

在這之後，又陸續認識了不少汪脈的前輩，如齊一、盧志明、劉金印、張銘新、孫逸仙、楊瑞、胡立群、宋培閣、陳耀庭等等，抓住機會就向他們學習請教。

十四年了，隨著理解的加深，越練，反而覺得自己越渺小，感覺自己越愚鈍，不能領會太極之精妙。藝無止境，學亦無止境，回顧學拳往事，僅就此做些許探索，總結心得，以期開拓前路。

## 三、為學日益

### 2002——2006 年

#### ●練拳從何處下手？

因為我以前有了一些基礎，所以老師並沒有從最基本的東西入手來教，是基本功、站椿、單式，套路混在一起學的。不過老師也說過，一張白紙好畫畫，學拳容易改拳

圖1-① 無極椿　　　　圖1-② 無極椿（側）

難。

　　問題就在這個改拳上，這個改字，不是改動作，主要是改思維習慣和身體上的習慣、肌肉記憶。之後很長時間我都吃虧在這上面。因為身上的勁扔不掉，瓶子不倒空，裝不進東西，裝了也是雜的，不純。

　　那是2002年的夏天，記得剛一開始，是站混元椿，也叫太極椿（圖2-①、②）。動作很簡單，但有一些內在的細節。不要求站低椿，高位站，似乎很隨意的。我以前站過四平椿，累得很，這個比起來是小兒科了。

　　還專門練習過之字步。現在看到有一些練習貓步的，好像有些類似，我沒練過那些不好比較。太極拳對步法是很看重的，要求是腿輕輕提起，輕輕放下，不能砸夯似的。

圖2-①　太極樁　　　　　圖2-②　太極樁（側）

　　還有一些基本動作，雙臂向前後、左右、上下去撐，待氣血貫通，再起變化。加上雙臂內旋外旋，要求盡力伸展，貫氣，以求身肢拉長。

　　這些基本動作在後來的學習和教拳過程中，逐步完善，起了個易筋拔骨功的名字。它也分為幾個進階步驟，並逐步由筋骨的變化，過渡到氣血，再過渡到發勁。可以站著練，也可以活步練，就發展到單式練習了。

　　練腰脊旋轉之力，用的是馬步，雙手下按，由一側旋腰到另一側，步型漸低，從另一側轉回，由高到低，再由低到高，往復不絕。用腰轉，不是手臂轉。腰脊旋轉之力是人身中最大的，是現代體育所說的核心肌群。（圖3-①～④）

圖 3-①

圖3-②

圖 3-③

圖3-④

　　還講過一個練勁的方法，就是擰木棒。但練習時不能露形，露了形就成了外家練法，要求手上不能磨出繭子，練的是手上的勁。

　　在基本功裡，老師特意講了五張弓，也可以說是九曲珠。雙臂掤起後，外形成圓，夾脊是一個力點，左右肩肘腕，和手共九個力點，為九曲珠，要能節節貫串。同時，從左腳到左臂，以腰為中心，有九個力點；從右腳到右臂，以腰為中心，有九個力點；再從左腳到右臂，從右腳到左臂也一樣。一共是五付九曲珠，也是五個圓，也是五張弓，用時要能夠互相換著用。（圖4）

圖4

　　單式的練習，主要是掤、捋、擠、按、採、挒、肘、靠的單獨練法。

　　**掤**：腳下是之字步，單手掤上後，前七後三，提前胯，力就發出去了，單練要有這個意識去，來回地練。捋，要用腰，不是用手臂。以腰帶，要向身外捋，別捋到自己身上來。捋實際上也是帶著掤的意思，四正手另外的擠和按也如是。

　　四隅手單式有採、挒，迎面肘，後頂肘，左右肘，前後靠。這些單式要走起來練，每樣練上幾趟，

　　行拳盤架子時有要求，一式一式的必須用意運行，將意貫注於手指，不能鬆懈，只是在動作轉關時，可有所變化。總之意必須貫足。盤架子，就是一個練丹田氣，練鬆沉，練貫氣的過程。

　　基本功的問題非常重要，好多人上來就盤架子，是錯誤理解了前輩的話。功夫須從架子出，這話沒錯，但你架子得對才行，不然錯誤動作重複一萬遍也不會變成正確的。什麼叫對，就是得符合拳理。

　　先從點點滴滴的簡單動作開始，基本動作先做對了，再做複雜的。一上來就盤拳，太極拳那麼複雜的動作，那麼精妙的拳理，上手就會嗎？我看未必。

　　●改拳難 ─────────────────────

　　學拳容易改拳難。毛病上了身，再改就更難了。

　　剛學習拳架的時候，我的問題很多。原因是往日的用力習慣改不掉，妄動多，動作太大，肩亂晃，帶形。其實

自己知道應該肩與腰胯合住，不得隨意晃動。但做起來，習慣勢力就把我帶到溝裡去了。盤架子要放鬆，這個道理是明白，但練起來就總想使勁，而不是關節鬆開。

太極拳每一式都要含掤勁。先實丹田氣，次緊頂頭懸，慢慢手上有了鬆沉勁，才能有進一步的發展。手先要鬆沉，向前出手時，丹田氣到貫注到手上。

盤架時要有伸縮，如寫字，欲左先右，欲上先下，欲前先後，使骨節鬆開，對上，再鬆開，再對上，不停練習。什麼是伸縮？什麼是節節貫串？打拳揉手均如是，關節微一收縮（或是一鬆），骨節對上，向前一指，即可將人放出。盤架時每一式都有這樣的伸縮，才可做到節節貫串，實際上這樣也練的是對拉拔長，筋長力大。往往一開始做不好這些要領，所以功是需要練的。

盤拳時，肩上二分，肘七分，腕一分，按此行拳。發力在肘，變化在肘，手掌也不能過於靈活。

每個人的問題不一樣，最好的辦法就是不自作聰明，老老實實按照程式一項一項地練。

● 盤架子 ─────────────────

2006年，對盤拳的要求。

盤架推手時，注意虛靈頂勁，頭頂一懸，其他諸如沉肩墜肘，鬆腰胯等便都自然出來了，一處對便處處對。頂頭懸，腳下便輕靈。（圖5）

一起勢便可發人，每個動作一定勢，就要把神意透出去，別人便摸不得你，就是功夫上手，每個點都能發人。

圖5

　　盤架時，處處時時均可停頓，一停便能發人，時時處處都是整勁，就是神意氣合，內三合與外三合，或者說是頭腦思想與手合，與全身任意部位合，一合就能發人。所以才有看到汪師爺等人全身任意部位均可發人，一碰便出。

　　盤拳時，想著手心有個小氣球，時時在手心中，心與手就一體了，發人時，把小氣球扔出去，要用心扔。

　　剛練時求周身整勁，腋下要像夾個熱饅頭，不能掉，也不能夾瘉。進而的練法，全身像個大氣球，以脊椎為中心轉動。手不妄動，是腰帶著全身動，身帶手動。腳上要給兩手分力。再進一步丹田就是個小球，一鬆一緊。大氣球和丹田小球帶動全身運動。命門後撐，尾閭向前上翻，尾骨如一小勾，勾起來，向上勾住丹田。（圖6）

　　丹田小球一緊，氣血便到手上，一鬆，周身便鬆，不能總緊，要有虛實鬆緊的變化。

　　盤拳時，全身放鬆，手臂間是一汪水或一缸水，在其間往返衝撞，不能出尖，保持著圓，對方一碰，碰哪兒，哪兒就受壓，就要讓水找對方向，激射而出。這就是我們說的鼓蕩。

　　盤拳是知己之功，知道自己的勁從哪發，揉手是知人之功，要知道對方的勁從哪發。練全身的感知能力。靜坐時感知自身與周圍環境，要能練得極靈敏。

　　盤拳全身鬆淨，以舒適為度，每到定式，內氣或者說那一汪水可鼓蕩一下，丹田一實，命門向後一鼓，尾閭小

圖6（圖中所畫僅為形象表達之用，實際都是意識的運用，不可
追求外形。）

鈎一鈎，與手連上，或者說與頭頂連上，向前節節催勁，手心中有個小球，扔出去，隨即鬆開，不可總實著。

虛靈頂勁是全身之綱，頂勁有了，其他鬆肩墜肘、鬆腰鬆胯、含胸拔背、氣沉丹田都有了，腳下也就輕了。

盤拳走架，外三合，兩肘相繫，不妄動，懷中抱球，整個人也是個球，手心似含小球，內三合神意氣合是根本。

## ●初期揉手的要求

與人接手，前虛後實，雙手抬起，不可單手，以防對方變手。若對方變手，我之後手可防，前手要比他還快。平時可注意練習一種轉身掉步，出現突然情況時能立刻去找對方側面，也要時刻注意不讓對方欺進自己的側方。步法很重要，要隨對方變。

揉手時，不要用手掌去接，手掌一捂變化就沒了，也容易被對方控制。要用前臂，把臂骨當成刀刃接對方的手，讓對方不舒服，同時也保證了腕子的靈活。臂骨分為尺骨和橈骨，二根骨要旋轉著，變化著，不要死愣愣地伸出去，每一滾動都是一個新的力點。（圖7）

揉手要輕扶對方手臂，訓練聽勁，勁來了，不要用手臂拔，要轉腰胯，微加一點斜方向的力，就化開了。要用意不用力，用意指出去，把意放到對方身上。

揉手，也可前七後三，用腰胯變換，左右旋轉變化，但不可以前擁後撤。初期這點不容易做好，人習慣總把重心放在後腿，遇到勁好往後跑。針對這點，老師讓做成弓步，重心放前腿，雙手按下，以腰胯變化，旋轉練習，扳

圖7

我的毛病。這實際上是個思維習慣問題，也只能靠形體動作的改變來強行扭轉意識了。

揉手時肩要合住，不能晃，不能跑。必須做到外三合。外三合有了，揉手就有了腰胯勁。腿紮住，只用腰轉，能發力，這樣才對。開始揉手時，可以掛點勁練，注意是腰掛勁，練練腰襠勁。

如果對方力大，推過來，怎麼處理？雙手一拍他的手臂，隨即發出，這個不能猶豫。對方的力量，在我拍他時時一定會上浮一下，利用此一點極小的空隙發力。揉手時要放長勁，和與人動手時的勁是不一樣的，單練時，手要放到盡頭，可發一下力，真用時是短促的。揉手遇對方力氣大的，應如用秤稱物一般，秤盤不動，只移秤砣，便可稱千斤之物。手就是那個秤砣。

身動手不動，手動身形定。這是老師教的口訣。

圖8-①

圖8-②

## ●發 勁

開始是不教發勁的。

後來學了幾個單式練習，實際上就有了發勁的內容。如雙手前推、前按，腰背後撐，把勁放出去，這個可以站著不動練，也可以活步練。

單練掤捋擠按和採挒肘靠這八法實際也是在練發勁。當時說掤時，也講過掤上後，前七後三，提前胯，力就發出去了。練挒，是向側方扔手，體會如何用腰胯發力？要用腰胯帶手臂。

再如向前抖手，手先要鬆沉，丹田氣到貫注到手上，要點是雙手向前放鬆抖出，骨節鬆開，背撐圓，可用手心或手背都行。

這些還只是一些基本的東西，練習身體在發勁時的協調狀態，尚不能稱之為發勁。

後來講的多了，說到了發勁的方法，其中比較有特點的是滾錯折磨。

**滾**，是在與對方接手一剎那，我的勁透過手臂外形上的滾動，擊向對方，可以從各個方向發出，這個勁是圓著出去的。不是一個固定點，是個運動中的點，讓人不那麼好防備。

**錯**，是接手後，先用小點的勁試探一下，不成功，或引出了對方的反應力，我稍向其他方向換一點角度，錯開原來的攻擊點，再發力。

**折**，在外形上表現是一虛一實，虛實轉換要快，如用

肘向對方肩發力，不成功，隨即改用前小臂向同一點發。我兩個發力點，虛實互換，像蹺蹺板，你陰了我就陽。

**磨**，像磨盤走弧線，由弧線中發出去，這個弧要越小越好。

包括九曲珠的運用，也是一樣，用一掛珠子試探，用另一掛發人，還是個陰陽虛實互換的問題。

發勁儘量不用肌肉力，用骨頭發，骨髓中有水在流動，是那個水發出勁去。

## ●接　手

汪傳的拳諺：接點不接面，接面兩不便。不接力端，接力邊。

接手，把對方關節串起來，串最近的一個關節，就能自動把所有的串起來。打人，對準咽喉打，打中線。

與人接手，意要從手上透出去。手指是指方向的，用肘發勁。

一接手，意就放在對方身後，別縮回來，要自信。

一舉手，意便與手合上，尾閭的小勾就勾著，不攻，等對方發力。一出力，我的意便從丹田往手上貫，對方出多大力，我出多大意，他便站不住。

練拳時把神意透出去，放到對方身後，一切都是神意，甚至只用神意就可發人。

接手時，刺皮不刺骨，只用一點神意便可牽動對方重心。太極拳只要舉手之勞，不必多用力。

接手時要鬆，鬆到對方身上去。

接手為什麼用小臂接，這樣騰出腕子能活動，手能指方向。高師爺說，兩手就是蝲蝲的鬚子。

## 2007 年

### ● 發 勁

汪脈太極拳特點是不讓人碰，一碰你就得出去，不碰時什麼都沒有，一碰就如球碰壁。用夾脊發力，後背撐圓。

發勁用肘。肩要鬆，手是指方向的，活於腕，發於肘。高師爺發人，常用的一手是，用小臂接手，手一翻，張手就拍，用小臂打人，並且稱之為張手雷。

發勁要有方向，一般六個點：兩肩兩胯兩個腳跟。中線打咽喉。太極發勁都是走圓，發人時，手一碰，心中已經把圈畫完了。（圖9）

掤勁是向上向前的勁，掤勁意何解，如水浮舟行。彼此之力不混合，你打你的，我打我的。要錯開，不能頂。

接手看對方時，眼睛往對方的瞳仁中看，可產生威攝。

神意氣在身上，周身整體一氣，等著不要發，一發就有形了，對方就知

圖9

道了，太極練的是人不知我、我獨知人，不能讓對方知道我。他一摸我，就站不住。一摸就打，不能含糊。初練幾年，問題總出在意不真，就是不堅定，要堅信自己能發人。

關鍵在發勁時機，在對方將發未發之時最好。

盤架子，要知道隨時隨地，任何角度都能發勁，因為架子中神意氣是整的，一停就能發人。發人，形象比喻為畫個對勾。這個勾可向上畫、也可向下畫，還可以左右，滾錯折磨就是類似的道理。

## ●輕　渺

你重我輕，你輕我渺，輕的渺的能把重的拿起來。有時師父給我做示範，我輕輕出手摸他的手臂，他在我手背上輕扶一下，我就覺得自己的手臂跟著他的手走了。

類似情況還有一次。在地壇公園，師父帶我和師弟小李去看孫德善師爺的兒子孫逸仙師叔（原北京永泉太極拳研究會會長，已去世）。我和小李揉手，他人高馬大，我對付他很吃力，不自覺手上就用上了力量，推來推去，較上勁了。師叔說這樣不對，他站在我身後，把手貼在我的手背上，帶著我手比畫兩圈，向外一揚，我只覺得像扔一張紙一樣，毫不費力，把小李扔出三四米遠，我二人都不知是怎麼回事。這個感覺一直留在我的心裡，提醒我，這才是太極拳。

## ●摘　腰

師父說到把夾脊和腰摘開，這樣對方就打不到我的勁

源。

怎麼練？躺在床上雙手向外發力，這時，腰是不用力
的，只是夾脊發力，那麼不躺著，站著時也能這樣發力，
就摘開了。

### ●能收能放

壓縮自己，再放開。一搭手，先一縮，把意氣就壓到
對方身上了。一放，對方壓力減輕勢必向上浮起，此時一
打，必然奏效。

下蹲，用意都在尾閭，向下沉，像猴一樣，自然下
去。這是收縮的意思。

三關一長，就是氣向上頂，三關一豎，就是氣往腳下
沉。也是氣的縮放。（圖10-①②）

圖10-①　　　　　　　　圖10-②

## ●串骨節

接手時，把對方離自己最近的骨節對上，他全身的骨節自然全都對上，連到勁源，別去頂，錯開一點，打他的肩胯腳。是要隨時有變化，例如接左手，串起他的左臂，打左肩，打不了或者頂了，再打他右邊肩，類似以前說過的九曲珠的用法。

## ●鬆腰胯

怎麼鬆腰鬆胯？全身鬆到腳踝，腰胯就鬆了。

與人搭手，就這麼一鬆，同時把鬆的意放到對方身上，他一有反應，就發出去了。鬆要快，發要同時。

鬆腰胯，沉到腳踝處，同時腰向後頂，一弓腰和背，全身成一張整弓，勁就發出去了。

練腿，腳正踢一下，側踢一下，然後從左或右踢，讓腿像手臂一樣靈活。只有鬆了腰胯，腿才能靈活。

## ●意的重要

搭手時，意念中不讓對方過中線，只是意念上認為就行，對方就過不來，威脅不了我的中線。不能帶形，帶形就錯了，暴露出我的意圖了。

## ●蹭　人

搭手，手臂要蹭著對方的胳膊，讓他總不舒服。

不要撥對方的手臂，要撥對方的重心、中心線，或是

把對方看成一個整體，去牽動一個整體，而不是局部的手臂。蹭著走能起到作用，用力反而不行。

● 平送腰胯

汪傳常講平送腰胯，如摟膝拗步，指襠捶等都是走的這個。盤拳時鬆，腰不能總頂著，腰會疼的。

● 鬆肩張肘，開胸闊背

汪傳講鬆肩張肘，開胸闊背，而書上常說的沉肩墜肘、含胸拔背等是發勁時的狀態，不是平時練拳的狀態。

● 沾連黏隨

沾連黏隨四個字，以沾為先。怎麼沾？向下一踏，吸一口氣，手自然吸起，對方也被吸起，就被沾起來了。一呼，就發出去了。這個說起來容易，做起來真不是那麼簡單的。師父總使用這個，只能去多體會，他也常說，道理我講了，如何做到得靠你們自己練。

● 肘空一大片，肘發一貫串

用肘化，用肘發。肩是肘化發的根源，手是用來指方向的，向任意方向發勁。肘是扳機、撞針，手是準星、是槍口。

● 打對勾

與對方手一搭，心中畫一個6字，勁就發出去了。我經常這樣去體會，也常講給我的學生。就是向上或向下畫

圈，畫圈就是打對勾，因為是半個圈。左右畫圈也一樣，所謂滾錯折磨就是不同方向的圈。

太極出手就是用圓圈，越小越好。米粒那麼大，以至於無形，才是最好的。（圖11-①②）

圖11-①

圖11-②

## ●體察自身

五月份的一天，晚上十點，練拳後又打坐，直到凌晨二點，精神頭兒很大，毫無睡意。手發脹，頭頂百會穴附近有突突向上冒氣的感覺。

又一天晚上練拳時，忽然對「蠅蟲不能落，一羽不能加」這句話，心有所觸。但只是一閃而過，抓不住，遺憾。鬆，輕靈到何等地步方有這個境界呀！

## ●點中求

在一個接觸點上，掤捋擠按採列肘靠都有了，有無數變化。接觸點上的勁道，是刺皮不刺骨。

## ●力不出尖

形意拳中有形不破體，力不出尖之說。和師父所講全身是個球，神意氣在球邊上應該是一個意思。神意如水，拳亦如水，如水般鼓蕩澎湃，但不出這個球。

## ●繃鼓皮

其他的內家拳有撐三抱七之說，如果用在太極拳中，是否是指雙臂維持自身穩定多於向外放神意，把神意維持在自己的鼓皮（球皮）上，合成一體之意，微向外放出去，等於繃著自己的鼓皮？師父說，太極不講這個，身做

圓球，尾閭找肩胯，合在一起，這個鼓就繃起來了。

那麼練的時候神意就不能離手太遠，在發人時，神意又有放到對方身後極遠的說法，是怎麼回事？師父解釋說，接手時，神意氣在球邊，並沒有固定方向，也不知向何處去，同時應該能向任何方向去。只要一接上手，就把肘放在對方肩胯腳跟這六個點上，穿透對方，肘發，肩發，尾閭發，腳發都行。或把肘以後的任何部位放到對方身上，任何部位也都能發，放出去時神意要遠。

### ●三道氣圈

汪太師爺講的三個氣圈，肩圈放在腰圈上，用腰圈帶動，和別人所講，用二個腰子前後上下左右，練腰功，帶動全身，是一個意思。（圖12）

### ●以氣運身

以意導氣以氣運身，是不是講先動意，想做下一個動作，用呼吸和意念向那個動作運動，以呼吸之氣貫注，實際上也是內氣在貫注。（此處的說法在後來又有所變化，初步可以先這樣理解吧）

### ●接手不過腕

用手接對方力，手腕在不斷變化，不讓對方的力由腕傳到我身上。我手心有個小圓球，不停旋轉，就是不斷變化接觸點和方向，對方的力就過不了我的腕。如果對方也在轉，我就直接對腕下手，讓開對方的手。

圖12

圖13-①　側接

圖13-②　側接

●摸手方法

一是要側接，上下左右都行，只要不正接對方的勁。

二是鬆，鬆到對方身上，我不動，讓對方帶動我，對方必然感到我手臂的鬆沉。怎麼鬆到對方身上？接觸點之後的部位，肘之後的，肩、夾脊、尾椎等，用意放到對方身上，選個點，肩胯腳跟等。

三，放鬆，重心在前邊時，前七後三，把實腿拿起來，對方抬我胳膊都費勁，我一停，他就得出去。這是個有為的方法。

● 與生人摸手 ─────────────────────

搭手就向重心發力，在自己心裡畫完圈了，微微一引，向重心發。發時勁不是直的，走上下或左右弧線，總之要走弧線。

接手要輕，不讓對方知道我要做什麼。

抬手就帶意，尾閭上手，等著你來，你一出勁，我的意就起作用了。

● 勁走螺旋 ─────────────────────

勁走螺旋，是擰對方，不是自己手動，是像一把改錐擰螺絲，螺絲在對方手臂裡面，這樣擰。

● 找整勁 ─────────────────────

在地壇公園，自己練時，對一棵樹發力，被樹彈起跳躍而出，說明發勁對了，我發的勁整，要是不整，不會被彈出去。因為樹有根，是個整體，而且比我整，大整打小整，散了不是這效果。

## ●鬆散通空

鬆散通空，鬆開身體，氣勢向對方散出，把意向對方身上通出，參悟空。鬆散通空是汪傳太極很重要的內容，需要經常性地去體會參悟。

## ●小氣球

用手中的小氣球接對方的力，用小球的旋轉將勁滲入對方體內，對方一變動，我手中小球回收，引出對方反應力，拿發就由我了。

在地壇和一位練其他拳的拳友搭手，他向我晃出圈來，越來越大，我要反擊，就意想一個更大的圈來反制他才有效果，如果追著他的這個圈去破解，是徒勞無功的。

我的球皮不許人碰，一碰就在對方腳下，來力我就轉。丹田有個小球，是內勁的核心，由核心向大球皮發出意，由接觸點，發向對方的重心、中心、死點、咽喉下陰心口等處。直線不行走弧線，走扇面，雨傘面、棗核等方法。

手中含個小球，用它接對方的力，側接，一接就轉開，透過小球控制對方的中心，發力時把小球射向對方的中。不過這個就更高了，較難。

## ●四條腿的板凳

高師爺曾說過，接手時別站成四條腿的板凳。意為手不能和對方混成一體。我不給對方當板凳，要讓對方給我當。

●四個圈

　　高師爺常講四個圈。三道氣圈之外，又加上個腳圈，說要控制對方的腳圈。就是上手要把意放到對方腳下邊去，一般是放到腳後跟後面一尺多遠的地方，讓對方不舒服。放腳尖前邊也行。好像孫悟空給唐僧畫的那個圈，把圈裡的人給罩住。不過孫大聖是為了防妖，這個圈是為了控制圈裡的人。（圖14）

圖14

## ●手如秤砣

師父常說手是秤砣，6月7日忽然有點領悟，手上有了些感覺。對方手臂是秤桿，我只是用手輕扶，給他一點意，我這個意就是由撥弄手這個秤砣放出去，影響他，透過影響秤桿，從而牽動全身。

## ●腳踩棉花

行駐坐臥都是練功夫，這是老輩人常說的話，平時自己也常注意這一點。這幾日外出走路，越來越鬆，感覺掌指發脹。特意體會鬆肩的感覺，走過一段時間後，腳下開始發軟，像踩棉花一樣，噗哧噗哧的，好像一腳踩下就能陷進地裡去，又似乎帶點彈性，舒服極了。有時特別想就這麼走下去，不停止。

## ●坐著練拳

在地壇公園，有一些老師傅，功夫很好，有時到各個場子串，和各個場子的師傅們交流，串久了，聊得上來的，也就固定一處地方了。

我們地壇的場子，常來的有一位張師傅，練形意，是尚雲祥的徒孫，家傳練的叫青雲拳，是他在雍和宮當喇嘛的叔叔教的。

他教我們打坐時用意念打拳。一開始我的心定不下來，走不了幾個架子，後來慢慢練，終於能打下完整一套了，但心還是粗。

●口傳心授

前二天陪師父去汪仲明師爺家，在樓下等的時候，和師父練聽勁。要把自己的神意一上來就放在對方身後，不主動變，隨對方變化而變化，我這個放出去的東西在改變方向，但目標在他身後一直不能變。無論對方神意如何打來，比如向下打，我只放鬆，意向天上走，自然引對方意氣向上，因為他不能和我頂的。另外，就是不管對方意如何，彼此之意不混合，你打你的，我打我的。

上樓後和汪仲明師爺摸手，他試我的勁，我怎麼總是鬆不好呢？意氣是出去了，但太散，根本影響不了人。

師爺讓我體會他的勁。他坐在沙發上，與我雙手相搭，一瞬間我有撞到一堵牆的感覺，又好像什麼都沒有了，卻身上發虛。我不由得微微一動，他的內勁已穿透了我的身體，有如被人用槍指著眉心，雖未發射，卻膽戰心驚，全身危機四伏。心裡剛要反抗，身上一緊，便被他察覺到了，看他臉上表情一動，我自感身體飄飄而起，向後蹦出，根本不可自制。整個過程基本上沒有什麼動作上的變化，老人只是端坐在沙發上，雙手虛抬，面帶微笑而已，最多就是動動手指。真是難以形容。

之後他又叫我上來，搭上手告訴我，他是怎麼發的，讓我感覺他的內勁在我體內的走向。我心裡很感動，這個待遇不是每個練拳的人都能有的。古話說言傳身教，口傳心授。這就是心授，用語言文字是沒法說清楚的，那種感覺是印到身體裡面，多少書本理論也比不上這一印。

## ●無意之中是真意

一覺醒來，心思正在恍惚中，突然跳出一句歌訣：「拳無拳，意無意，無意之中是真意」，這不是形意拳的嘛。也許是日夜都在這個拳裡廝混，都錯亂了。

太極拳是後發制人，我在伸手時不去想固定的目標，只是伸手，意掛在手上，一沾對方時已放在他身後。出手不帶勉強之意，要自然，帶點虛無縹緲之勢。找空的感覺，我空了，就無所謂鬆不鬆，根本不想我的肢體，由身上的鬆，到散發氣勢意氣，到由手通出勁去，把上述這些東西不顯示出來，虛無所有地，一碰，全都有了。

## ●鬆　肩

肩緊是因為我的意緊，把意鬆了，肩圈放在腰圈、胯圈、腳圈上，身子放正，虛靈頂勁，肩就會鬆了。不過鬆肩是個大關口，很不容易。

## ●腰為主宰

盤拳時，要鬆腰鬆胯，以身帶手就是用腰胯帶手，以前說用丹田小球內轉，帶動全身是一個意思。

丹田上手，東西就有。

二個腰子抽轉，轉換虛實，尾閭這個小鈎總鈎著，但後腰不能緊，有這個意思就行，類似於穀道上提，緊了腰會疼。四肢是末梢，丹田（腰胯）是根，是軸心，腰帶著手腳運動。

## ●上打咽喉

交手時，手向對方咽喉一指，這個地方是要害，對方必出反應，身上或者胳膊就會成棍，然後用接觸點帶著對方手臂向咽喉發勁，用這根棍打動他整個人。

## ●無形無意

進步都是在不經意間發現的。

這天早上盤三遍拳。第一遍走的定勢鼓盪，形做得比較大，筋骨有拉伸的感覺，練完身上是很輕快的。第二遍練緊湊，動作小，意氣也小，轉換較快，偶而帶點發勁。第三遍練的什麼也不想，鬆空而已，第三遍打到一半時，一種感覺突兀地出現了，好像我在一個玻璃罩子裡練拳，外面景物都在，但是手外一尺就看不清了，只有我在，其他都是虛的，全憑心意在走架，動作也不標準，心裡很舒服。練完身上一個字：透。

## ●哼哈嘿

師父說，現在盤拳架可以不用管動作是否標準了，可以加上發聲，哼哈嘿。以聲音助練丹田內勁，貫注到丹田和手。

## ●汪老仲明回憶汪公永泉

拳架子中養生與技擊不可分，不出手就是養生架。

汪傳楊式太極拳老六路方向是八個角，還有個小架

子，速度快，有哼哈二氣。

汪公走雲手這個式子，就是在胸前，也就一個球那麼大。

圖15① ~ ② 擠

單鞭，是換了三次腰。

**擠**，老架是平著擠，汪公有時把肘沉下來擠，肘尖向下，就靈活了。

圖16① ~ ③　沉肘擠

## ●用力即錯

這幾天與師弟小李推手，他身體高大，鬆得又好，一百八十多斤鬆過來，真夠我受的，弄得我全身酸痛，很明顯這是我用力了，錯了。

問題在哪兒，我應該鬆下來，他多大勁和我沒關係，應該讓他使不出勁來，還是功夫不到，經驗不足。

## ●蹬地踩地通背功

練推樹時，我加上了通背裡的蹬地踩地功，把手放在樹上，腳上一個蹬踩，勁上了手，是一剎那的事兒。另外用小魚際在發勁的一剎那轉一下，把接觸點和發力點分開了，實際不是手掌發力，是用尺骨、橈骨的頭兒，內旋用橈骨，外旋用尺骨，隨變化怎麼方便怎麼用。那麼，當接手時，一上步，腳一點地，前手一轉，勁就發出去了。

## ●大杆子

地壇公園是挺吸引人的，練武的人多，各門各派的都有。有時候汪仲明老爺子也過來，聊聊，指點一下。這回汪老來看我們練了一會兒，把我叫一邊說了下大杆子的抖法，一開一合，全在腰的變化，不是手臂用力。

上次在他家裡就說過，汪公當年的杆子後來是被抄走了，現在還剩下一把教徒弟的木劍。五師爺張孝達還有個杆子在練，只可惜後來也沒了，現在好的杆子都不好找，以前這個東西是專門有人種植修理，才能合用。

據汪老講，他的師大爺牛春明，有根杆子放在汪公家裡，二公尺左右長，因為常練，已經變色發紅了，後來幾次搬家，還是找不到了。

### ●荷葉承露，稍傾即瀉

揉手時的輕靈用「荷葉承露，稍傾即瀉」這八個字來說明，十分恰當，很形象。

有時和老師揉手，心裡不鬆，肩上就緊，也就聽不到他的勁。鬆了，全用心意來聽，嗯，就有點東西了。

### ●以心行氣，以氣運身

以心行氣，以氣運身。做到這幾個字，就能做到鬆，不使勁。早些時候說過這幾個字，意思和現在不一樣。不過這個仍然不是最根本的意思。

### ●用心意盤拳

起勢練法，心意向上一抬，臂向前一蕩就能發人。不用腳蹬地給勁，只是肩肘向上向前，向上時有鑽翻之意。到與眉齊之後，墜肘，下按，都不是向自身，是要向著對方去。要從慢裡練，慢裡找，內動不令人知。

### ●預動之勢

揉手的時候，經常會出現對抗的問題。抗了就往往不許對方進來，勁總放到外邊，頂著人家。或者是出手就過，露頭太多，也就是出尖了。接手時應該含預動之勢，

而不是先發出去。盤拳揉手都要這樣，不能斷。意在手上，放到無限遠處，但形上不表現出來。

## ●太極狀態

王宗岳《太極拳論》闡述了太極拳究竟要練成一種什麼樣的狀態，它應該是在動與不動之間的那個臨界狀態，是在有和沒有之間，變和不變之間。太極是陰陽之母，一動就生陰陽。

太極的狀態，就是一種靜則隨時要動，動則隨時要靜，待時而動，處處歸靜，預動不動，動中寓靜的狀態。拳術是千變萬化的，大家讀《莊子》都知道：生也有涯，而知也無涯。你要是去學什麼什麼方法，那一輩子都學不完。我們要學的就是把我們的身體調成太極的狀態。隨便怎麼變，就以不變應萬變，就是要抓根本的東西。「雖變幻萬端而理唯一貫」。

## ●不添勁

揉手時，我手上還是有勁，緊。這個問題自己也明白，但解決起來實在撓頭。怎麼才是鬆的狀態呢？後來聽老師說：不給對方添勁。我頓悟，再試，手、腕、肘、肩都含著，不把勁表現出來，手指聽勁，用時才把腰、胯、及至尾閭連上，手上頓時輕靈，心中含著八種勁。我原來把掤勁放在手上，與手硬的人推，他自然站不住，但和內行推，我的勁就露形了。

用心意就夠了，推時用肩肘腕應付，不加力，也不必

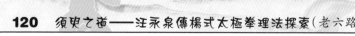

全身合著，發時才合，才把後邊放上去。

### ●手是鬍子

手是鬍子，不是用手打人。是用腰背打人，用脊椎打人，要練渾身都是手。

### ●意有多遠，勁有多長

意有多遠，勁有多長。要放遠意，發長勁，不能只鼓湧那麼一下子，這樣就總也出不來好手。

### ●勁走平

發勁要走平，平著一撞就行了。

單手接，串對方一個關節，肘肩都行，然後向中線發。雙手接，向中線點一下，然後掛著中線，向上下左右錯開了發。一接手，就要到他的後腳跟，到腳尖不行，然後平著發，和肩平就行。為什麼不向頭頂發？那樣對方就容易化，出手就不讓他化。

### ●全憑心意下工夫

不打接觸點，掛著觸點，打其他地方。不是手打人，手就是聽勁，實際上都是畫個圈，再發勁。最好是無形無象，在心裡畫。

接手就是那麼一下，僅用手指輕掃一下手臂，沾著他，就夠了，就能拿住他。

在家裡跟師父試勁，我伸手一摸老師伸過來的拳頭，

沾上一點，心中一含，師說：「好，這就是拿，平著發。」我心中向師父後方一吐勁，師說：「好，對了。」手上基本沒動，只是心意動，身形微向前了一些，這種感覺太爽了。

## ●多摸多練

自從在老師家裡找到感覺，就經常到地壇和師兄弟們推手，的確和以前不太一樣了。手上鬆了，勁也會含蓄了，不那麼愣了。

和小阮推，能很明顯感覺他的勁力在哪，哪兒比較硬。我只放鬆含蓄，隨他走，因他有勁，總想往我身上發，我就多用採挒，讓他使不出勁。

和小孫推，以前因他勁大，多犯頂。今日聽勁長了，只和他頂了二次，多次將他發出。用的採多一點，因為他力量過來的猛。最後二下，一吸一發，將他發得蹦跳而起，說明發勁對了。

和小李推，他的勁挺好的，也特別鬆沉，我只好鬆著不接他的勁，他發我不如意，我化他雖然沒問題，但發他有難度。是他太沉了，還是我沒找到點？這說明功夫還差得遠，功夫不是一朝一夕的事兒。

## ●力由脊發

晚上在家一遍遍單練起勢，忽然身上有一種新的體悟，是夾脊這個地方發出勁來，帶動手臂做動作。這個不是我有意做的，也不是自己想出來的，是身體告訴我的。

以前是老師要求手不妄動，身體帶著手轉動，於是就會有意識地那樣做，兩膊相繫，甚至要求用繩子把兩胳膊連起來，以達到一動無有不動的效果，但那樣初期身和手臂會緊、僵、死板，今日這個體悟，卻是純出乎自然，沒想它，它自己到身上來了，也是個從量變到質變的過程吧。習慣成自然。這又是一個小進步。

● 身子盤拳

慢慢身上出了體會，打拳實際上是後背（夾脊到命門）在打拳。師父說，是樹幹在打拳，不是樹枝，樹枝只是隨著動。

● 心靜是根本

師父說，在目前這個階段，不必在外形上找，只是神意運動，隨時可發可收。神意不能斷，往輕靈上找，要靜下來。

● 滲 勁

與對方接手後，要蹭著對方的肉皮，把神意滲入，這樣的話，不管你怎麼變，我都在你後頭。

對方欺到我的中線了，我尾閭墜下去，貼著地皮過去，他就推不動我，我因為滲勁在先，就能斷了他的根。

推手時，滲過去了，能控制對方的情況下，我主動地突然一停，對方必然跟著停，此時他一停就滯，立刻就發出去。如果沒有滲，我一停，有可能是被對方發出。

## ●手是水龍頭

手就像水龍頭，開關裝在心中。手接上對方，開關就打開，水就已經滋出去了，就在對方身後，隨對方力大小而變，水流大小急緩與對方的勁大小有關。不能用水管去抽人、打人。

## ●腰胯盤拳

前些天感覺到盤拳是夾脊帶動，略有含胸鼓背的勁兒，微有些僵。今天練拳時，似乎有點以腰胯帶動盤拳的意思了，身上也自然放鬆多了。

## ●酸痛長功

早上盤拳，第一遍以養為主，神不外散，意氣不出手。第二遍，速度快，定勢時發力發聲。練完回來，整個上午全身從手到腿都有一種很舒服的微微酸痛感，我認為是個長功的好現象。

## ●心中一定

從肘到腕老有一種向前去的意思，後邊是活的，這樣上下都練了。下邊的勁能傳出來，從腳到腰到手，形於手指。對方一停，當時心中一定就行了。

發力時有個關鍵，不管吸只管呼。呼時自然就補進氣了。

## ●雲手之變

雲手是變化最方便的，變提手上式，變高探馬，變白鶴亮翅或其他都行，所有的式子都不是死的，是活的，都可變化。

## ●張手雷

師父講高師爺過去發人，動作簡單，一接手，腕子一轉，手心一張，（張手雷）就發出去了。

過去他家院子裡是土地，下完雨，地下潮，土地是軟的，發人時把地面砸的都是小坑。發人不能向地下看，要向上看，不然坐在地上，有可能磕壞尾巴骨。

## ●平著發

接手，先想對方肩，再想中線，一發就走。

二想腳跟，然後抬起來平著發。

三想胯，然後平著發。

不想接觸點，就把意向中心走，骨肉就隨著去了。

一手通就會百手通。

## ●我平衡你就不平衡

與身形高大的人動手，他自己會維持平衡。當二人一遞手，平衡被破壞，看誰先把平衡找好。一搭手就是這個勁，不讓他緩勁，搭手就得有。一接，一虛，看他出不出勁。他用勁好辦，我就變，他要不使勁，他不使我就發勁了。在於

聽勁懂勁，要快。內三合要合著，上來就出這個勁。

## ●不露勁端

與人對手，永遠是彼此之力不混合，讓你帶著我手走，不管你的勁怎麼來，我就不接，不露出我的勁端。我要打哪兒，我心就往哪兒想，不猶豫。

## ●道不可須臾離

我們手上的東西能不能隨心所欲，時時處處都在手上，很多時候不能做到抬手就有，還要想一下，這樣不行呀。這個想一下，可就慢了，要時刻念茲在茲才行，不能去想，道不可須臾離也。

## ●起勢的四個勁

1. 雙手前抬，腰後鼓摧出雙手。

2. 雙手由腳、腰摧起向上鑽翻，有向前發人之意，要一氣呵成。

3. 雙手下落時抽肘，是引進落空，然後向前發。抽肘要微小，大了人家就知道了。

4. 雙手下落，向下踏勁，含向前發之意。用時，一踏一發。（圖17）

## ●功夫出手

功夫出手，伸手時要把意從手上向外透，不要收。但形上要含蓄，不要出尖出力。不是用手去捅人，是用心

①　　　　　　②

③　　　　　　④

圖17　起勢四個勁

意，從我手上出東西到他後邊，影響他。

## ●開與合

一合就出去了，不能含糊。合之前，不是用手找，是心在開，在開中找到合適的位置，心一合。心裡一合，一想上邊，不行，想下邊，就有了。合要合到一個死點。與人對陣，就不存在揉手的事了，搭手就要出去，一下沒出去，再找，再發。而不是化來化去，化就是打。手裡拿一個炮仗，一個摔炮，一沾你就炸，你怎麼化，沒法化。

## ●無人似有人

盤架子要把每一個式子的勁點、意義表現出來，腦子要實實在在地想每式的含意，練時無人似有人。

## ●展　背

身體自然的狀態是鬆肩開胸，肩向前一合，肩胛骨一合，胸一含，就發人了，就是展背。展不動他，就用上腿，腰胯一送。

十字手，腿腰向上摧，背一鼓，發勁。

## ●找中的問題

應該讓對方帶著你手走，你鬆著跟著他，先不合，開著，他一停或我一停，立刻就合。

我有時和師弟小李推手，他身體強壯，高大，我就錯在總用手找他的中，那就帶相了，他一化，兩人就亂推

了。根本不用找，一想就是中。開合鬆緊由自己，骨節全摘開，合適了一停，趁對方一滯的時機，就合上了。

錯在哪兒，本來應該是聽勁，結果變成了用手找勁。聽和發之間沒建立起關係。

● 碰人的勁

和人揉手，先給他點勁兒，用肘給一點，其他地方鬆開，讓他發現我的出勁，讓他化。

我這個勁，不是發人的勁，是假的。一停，就要把他碰出去，注意是碰，不是推出去。肘出勁也是用神意出，不是動作，不是用肘向前捅。

● 功夫上手

功夫上手，不是全身上，只拿出一部份上手，後邊在那兒等著合。什麼姿勢都不拿，就是把肘放手上，肩摘開，胯摘開，鬆著，一定要活。想著肩是個活的，肘就是這麼一塊骨頭，肘放那，他愛按不按，他一按就把他碰出去了。

要做到身上每一節、每一個局部都能發力。

● 接大臂

高師爺教的，揉手時不接手，接大臂，這樣更省事了。讓他的小臂和手沒用了。搭手就外蒯，連蒯帶扔。

● 藏　中

除了把肘放手上，還能怎麼接手，老師說上邊全是活

的,你把腳放在手上,腳一蹬地,人家說太極拳打人不難受,因為勁端沒在手上,他扶著你很舒服。把哪個關節放手上都行。永遠把自己的東西藏起來,所謂藏中。我斷開了就是藏中,他往中上按,我老不和他頂,往觸點周邊走。不能大,要小。活兒要做的細,聽的準確才做得細。

●炸勁兒

手是探子,探實了,只要他頂就肯定實,實就打。全在火候。

即使對方也是舉手之勞,身上沒緊,但打你的一瞬間,你再軟,你的軀幹也是實的,是個整體,所以一定能打到。為什麼讓你化不了,等這個勁到了,已經都完事了,你化什麼?手裡拿一小摔炮,特別快,一出手就炸了。

●不打人

對方和我是一樣的,發力都是根節發,我就想他的根,不要去攻,一攻他就打我了,我想你哪兒就行,我想你胯,你就感覺胯老緊著。你勁大,我悶不住,那我改打肩,你就出去了。我只是等著而已,我不打你。

忽然有個想法,好比打胯,我的手和你的手挨上,我的意已經從手上出去,讓這個意和你的胯連上,用腦子想那就是連了,不是用手摁,這樣就是打到胯了。把你的胯和我的手串起來了。

你打到我的胯,我怎麼化?我的勁按到老師的胯上,他不管胯,他用另一個點打我的肩,我打胯的勁就沒了,

這才是化。你打你的，我打我的。

手上有東西了，全身骨節想摘哪個摘哪個，聽指揮了，哪一節都能發勁。

## ●兩大臺階

太極拳二個臺階，一是功夫上手，二是懂勁。再往後就階及神明了。神意氣合就是功夫上手，懂勁的時間要長一點，這兩個臺階不好邁。

## ●挨 打

手上不能出頭，露出端就會挨打。外家拳出手一露勁端，就必須馬上就打。慢了就被動了。

等人家勁兒都出來了，再去化，太晚了，也費勁，不容易看到成效不說，往往還弄不過人家，原因不在對方，在自己，不能怪對方使力。

## ●時空折迭

手開時，東西還在手上，不讓人知道，手合時，你知道了，晚了。不用手找，手找人家就知道了。一想就有，一想就到了。昨天思悟的，把你的胯和我的手連上，串上，就打到你了。不是去一條線連過來連過去，一想就在那兒。這個東西穿越時空，沒有距離，神到意到氣到力到，有點時空折迭的味道，我想去火星，不用坐飛船，我想火星，我的意就到火星了。想胯，不去管這神意氣力是怎麼走的，只要用神意想，氣與力就在胯上，等著對方出

勁，他出，就會感到胯那兒彆扭。和你推，就是把我自己放合適了，在等著你出勁而已，你一出我就打了。

## ●力有多大，意有多大

對方力大，我接手，意擦著他的肩向他身後走，他勁越大，我的意角度就越大，他勁就過不來，還會被我引動。

## ●搶先手

你要是也不出勁，也把自己放合適了，怎麼辦，總不能兩人大眼瞪小眼，等著對方出手，我好後發制人吧。我一上來就發，比你先，不能含糊，一含糊你就能反過手了。和下棋一樣，要搶先手，一沾就要放出去。

## ●找平衡

兩人對陣，各自平衡，先出力的一方，就先不平衡了，我引之採之挒之捌之，加大他的不平衡，他明白了，往回收，想回到自己的平衡，我就開始掤之擠之按之肘之靠之，不讓你平衡。我舒服就不能讓你舒服，即是引進落空合即出。

## ●打板凳

想自己和對方是兩個板凳，兩條腿立著，兩條胳膊伸著，靠二條腿維持自身平衡。四手相接，力混合了，就站成四條腿板凳，穩是穩了，誰力大誰勝。

彼此之力不混合，你的勁在你身上和我無關，我就想

你的板凳後腿。你出勁，必然是地上的兩條腿兒給勁，板凳重心必然前移，我不接，空你。一空就發，發就是你的後腿兒接地處，以及四條板凳腿與板凳身子連接處，在人而言，是肩、胯和腳跟。四手相接，變成一條板凳，我從板凳面兒中間斷開，讓你那邊瞬間失去平衡。二條板凳腿兒是站不住的。板凳轉，重心只能在一條腿上，我要聽出在哪條腿兒，輕輕一推便倒。

## ● 掤與按

盤拳時掤的動作，有個放勁，是腰背撐圓，雙臂外撐。按是全身撐開，腰胯平移，是個整體勁。發勁有整體、有局部，自己要明白。

## ● 練功是吃苦

前日練了大杆子，杆子一丈一，尾部有大茶杯粗，單手握一端拿不起來，當天沒有什麼感覺，第二天身上開始疼，晚上也睡不好，覺得渾身使勁才舒服。今早練拳，反而感覺不那麼疼了。這種痛從練拳一開始隔段時間就來一次，有時是局部，有時是全身。

## ● 太極不講理

用氣勢把你包住，放在你後邊，合適了一放就行了。你有沒有勁與我打不打你無關，我只要聽著，不和你的力混合，你就是一根小木棍或是根原木單擺浮擱立在那兒，區別只是我打你的角度和力道。你出力就自身不平衡，我

加大你的不平衡。你不出力自己平衡，我就發勁破壞你的
平衡。

## ●挨打的感覺

昨天師父打了我一下，當時我單手捌撐著，沒出力，
老師說，不管他，搭手就發。勁打在我的臂上，我化無可
化，只覺得勁端在我身後邊，痛入臂骨，我的手臂受力
後，又合到我的肚子上，只覺這股勁又鑽進了肚子，震動
了裡面的臟腑。這個難受呀，這就是內勁打人嗎？

老師說，把意往前，往遠了放，勁就長。原來 這還只
是個長勁，短勁打人什麼樣？老師說，你還是別試了。

## ●拆架子

既然單式可以練習發力，那麼把架子拆開，每個招都
可單練發力，這樣就能練每招的應用之法。

攬雀尾已經拆了，單鞭裡有三換腰，還有採挒肘靠。

提手上式與抱琵琶是左右式，都先有個掤勁，腰脊發
力。

白鶴亮翅是下牽、挑擊、分勁、向對方身後合擊。

變摟膝有二次向前向右的掤勁，向左的摟（*手和腿都
有摟*），右臂的立肘撐腰，斬，勾帶、按。（圖18-①～
③）

搬攔捶，撐腰，小臂外翻，手腕外翻，磕擊，左掌
打，右拳合擊。再撐腰，左掌抹，右肘稍起來一點，肘拳
隨腰有個圈，出一捶。

圖18-①

圖18-②

圖18-③

　　如封似閉，對方抓住我的右拳，左手穿出化解，左顧右盼中定，按。

　　十字手，捋，腿腰攛起向上鑽翻，有分有合，成十字

後背後撐前手發出。

抱虎歸山，採，挒，迎面掌，後同攬雀尾。

肘底看錘，一擠後，左大指領掤勁向左畫，右大指領掤勁向右轉，抱球和後邊的左轉右轉含掤勁，變肘底錘。

倒捲肱，右掤，顧右手，然後左手踏採，右手掤按，左右皆同。

斜飛式，一穿一抱球，右靠。

海底針，採。

扇通背，腰發，一右一左。

撇身捶，靠肘右拳翻，左掌擊，右拳合。

雲手，進攻之手，一手抓一手穿，抱球鼓蕩。

高探馬，左手採踏，右手穿出。

進步栽捶，右臂向左掄打，向回抽帶，再突然變向擊對方腿骨。

野馬分鬃，力在大指一側，後腳蹬地。

玉女穿梭，按採挒踏。

金雞獨立，在對方身後合勁。

退步跨虎，左右掤，再向對方身後合勁。

### ●二大毛病，心不鬆，意不真

出手含糊，神意不真，就到不了手上，就變成用手找勁，不是心意。心不鬆，肩胯就不鬆，一逗就緊，還談什麼全身骨節摘開。盤拳時鬆，推手時也要本著盤拳的意思，一般無二。為什麼有了對手就緊了？對手給勁，我扶著不行嗎？為什麼也要出勁？我出勁難道就能快過他的勁

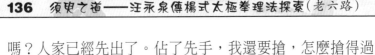

嗎？人家已經先出了。佔了先手，我還要搶，怎麼搶得過來呢？應該換個地兒，佔我的先手呀。這才是彼此之力不混合，你打你的，我打我的。

## ●功夫在拳裡

東西要在拳裡找，不能滑過，無人似有人，每一式要練它的真意。要用意找，不要用力。傳統練法一式一式地教和練，會用了再合在一起。

## ●膨脹鼓蕩

發勁是全身膨脹，不是單純前後或上下，是整個球體陡然一脹，是全方位的。

## ●虛與實

推手時，前腳時虛時實，虛實要有變化，不令人知。虛時蹬後腿，就發出去了。

抖杆子出來的勁，用時，一搭對方手臂，鬆沉，就拿住了他全身，腰胯一合，一轉，就能把他扔出去。

盤拳時，在聽自己全身的動靜，推手時，在聽對方的動靜虛實。

## ●妙手一招一太極

妙手一招一太極，就是一動，必是一個圓。挨在哪裡，就以何處擊之。拳架子可以有自己的特點，但原則不能改動，拳以自己舒適為度。

## ●筋與骨

筋與骨的用法。接手用筋，發人用骨。筋柔，有彈力。外三合合著，內三合也要合著，但含而不發。肩胯合住，用腰旋轉，發勁。

## ●畫地成溝

張清池師叔講，摟膝這個式子，這一摟要有畫地成溝之意。

## ●點中求

點中求，接手時無論大小，都是個面，點也是個較小的面。要用心，在這個面中想一個針尖似的點，用這個點打人。

## ●無極椿

站無極椿，從手腳四梢先鬆，鬆到腰。百匯上天，尾閭入地，膝有鬆意即可，雙腳同樣不可開大，意守丹田，氣沉丹田。

## ●單 式

摟膝拗步，倒攢猴，雲手是太極拳中最吃功夫的三個式子，朱師爺練拳每天先練摟膝拗步、倒攢猴來去上百個再打拳。

## ●連化帶打

散手時，就沒有時間讓你去聽勁了，一出手就要連化帶打。對方直拳，我不能只是格擋，在格中要有太極的弧形軌跡，出手就是圓。向上向下向左右，不是擋對方手，是牽動他全身。

## ●式式存心

盤拳還是帶形，擰腰擰胯太明顯。要身無形，手無象才好，還是因為不夠鬆，要用意。練拳，就是要用意練，才能靈。

出手是圓，圓中現方。

### 2009 年

## ●回憶汪公教拳

汪仲明師爺講，汪公永泉給他和五個徒弟說拳，一隻手要上對方，另一隻手也要幫點忙，雙手一虛一實。雙手之意通過接觸點，在對方夾脊後面的一個虛點匯合，發之必中。

汪公講，發人在腳起腳落之間。

前腳踏地，以意將之提起，又不見於外形，腳與地似接非接，若有一絲間隙，此時蹬後腿，蹬直勁發出去，發勁後前腳隨即落實。以腳弓的彈性，帶動全身發整勁。

## ●拳裡含義

翻身撇身捶的腿有個掃蹚腿；腳尖踢人，會陰部要小心，有點穴之意；

左右分腳是腳尖上的功夫；控制對方的手再踢人；起腳有個竅門，扶住對方再踢。腿第一是掩襠。

十字手的分手是拿手；肘不能高舉，要護脅，不能張得太大；

擺蓮腿，是大腿帶小腿，腿是曲著的，近用大腿，遠用小腿，胯是腿的根，每個節都能用。表演架子，腿是直的，雙手拍擊腳面響。

從架子裡琢磨東西，肩抽胯打，是近了用的。

彎弓射虎的拳怎麼握？中指的骨節突出，中指根那是空的。只有雙風貫耳握成口杯狀，不一樣。

雲手、左右摟膝、倒攆猴要多練，以後式子小了，可以走一步發一個力。

式與式之間的轉換，很重要，用法都在轉換處。

手臂是箭，肘是弓弦。箭指出方向，弓弦一拉再放出去。

汪脈拳的特點，我扶住你，你就過不來。

螺旋勁是挨上再轉

## ●中 定

身體外的大球也是丹田的小球帶著動的。鬆不是目的，是透過鬆，把丹田放到手上、放到身上任何一個地

方。盤拳時神意氣合，就有中定，但是這個合是鬆的，到定勢可以連起來，真合一下，也就是發了一下。要隨時保持中定，太極練的就是中定，有中定才能把勁發出去。

### ●六勁融通

六個勁都融到肘勁上，手、腕都是鬆的，什麼都沒有。肘肩到腰也是鬆的，好像有那麼一點，又好像什麼都沒有。對方一出勁，一使蠻力，我的意便動，中間虛線一轉，他出多大力，我有多大意。

鬆下來，神意氣向四周散，太極就是遊擊戰，總是用我的實打你的虛。

胳膊上沒什麼勁兒，讓人摁到胸前也沒事兒，我的意不讓他打到我的中心虛線上去。他要打我就得出勁，一出勁我就能借勁。

手就是指方向，不用力。

### ●怎麼練腰胯力

盤拳時怎麼練腰胯的力量？加力嗎？不是，就是用意走，腰肌的運動是自然的，不要加力。到定勢時丹田緊一下，神意氣一顯，馬上又鬆。丹田緊不是繃勁，是氣貼脊，是氣沉丹田。

### ●鬆著發勁

發勁是鬆著發，不用肌肉，用筋。丹田一貼命門，勁就發出去了。一般情況下，丹田在發力時，雖然也貼命

門，但總是小腹緊張一下，繃一下勁。這樣不對，就只是丹田一貼，要用意，而不是用力去貼。所謂用意不用力，就是此意。繃勁了就是用力。

某師弟昨天在老師家發了幾下勁，老師說，他的勁雖然足，但是還在身體裡面，發出來的不多，他原來老師的影像就不是這樣，能看得出神意外放。

## ●變　點

散手就是反應快，一接，一變，一合，就到了。剛就快不了，要讓對方的拳頭近身，他有刀都不怕。接手就變點，有點像錯，其實都一樣。對方力大身沉，也不怕，順他的勁，再給他加上我的勁，向四周引他，就是不往自己身上來，挒，採都是這樣。

## ●鬆是根本

要練到自然而然，就不用去想什麼鬆緊、剛柔的事了，全在裡頭了。教我們是循序漸進，鬆是根本，但如果上來就教鬆，容易變成懈，所以講鬆時，又講定勢要緊一下，講如何從丹田傳導勁到手肘。等練得自然之境，這些全不需要了。汪公永泉講，到最後是空了，什麼都沒有了，你這還怎麼和他動手呀。

## ●滯　點

為什麼一摸手，就能找到滯點，是因為你有的關節死了。為什麼找不到滯點呀，因為全身都在動，一動無有不

動，你做不到，就有滯點。要是雙方都活，還可以先給你滯點，你剛覺得有了，要發勁，我沒了，你的滯點出來了，就挨打了。

### ●脊椎如龍

搭上手，把丹田後貼，身上不繃勁，只用脊椎這條大龍忽扇一下，勁一下子就到對方身上了。

### ●虛提後跟

揉手時，後腳跟虛提著，對方的勁到我身上，我也有個緩衝，不會立即蹦出去。

同時，這樣身上鬆，感覺像飄著一樣，要不是腳尖掛著地，就飄起來了。

### ●鬆，鬆，鬆

什麼樣是鬆對了？頭虛頂，全身下墜著，骨節拉開，接手後對方感到沉，這就對了。這個不是懈。放開膽，讓對方進來，這才能鬆。

這是師父給餵了幾下手，發得不錯。身子不動，兩條胳膊隨著對方動，有滯點，神意一連上，就有了。師父手直點我胸前，我鬆著，要他手將到未到時，在他力的前端稍後處向右一拔，他整個人就動了，出去了。

當然，這是他沒反擊。主要看誰神意快、手快。只要他動了，我的神意是不能鬆的，要一直跟著他，他就別想反過手來。

## ●走神意

師父說，你現在打拳，主要是走神意。剛練拳時，告訴你們要注意腰，注意勁怎麼走到手上，定勢如何鼓蕩，但不能總這樣練。那是有形的，有為的，到一定時候就要找自然。

## ●神意放遠

練拳時和揉手時，神意要放得遠，一上來就放遠。身上鬆，對方不停感覺不到，一停就在他身後，總讓他不得勁。他一出勁就完了，出去了。

盤拳時大開大展，不是姿勢大，是神意，要天地人合。我和宇宙合一，滿天星辰隨我的拳架一齊動，我一伸手就在天邊。這時節外三合、內三合就合上了。

練拳練的就是神意，沒神意是白練。

道法自然，身上要自然，神意要自然，心中自然無所畏懼，才能發揮拳意。

一接手，你就在我的氣場之內，天地都與我合一，你不攻什麼也沒有，你一攻，就從這圈裡出去吧。

發勁也要長，短促的勁還在自己身上，要追著他。

## ●神意氣合是術

太極就是陰陽二個勢子。腳跟是陽，腳掌是陰，腳心是軸。所以要控制對方的腳跟，加一點勁就行，他就不得勁。我發勁，提一下腳跟，勁就發過去了。

發勁，丹田還是要緊一下的。這個鬆緊，不太好形容，它是一個東西的二個方面。鬆是陰，緊是陽，陰陽本是合在一起的，是個太極。盤拳時到定勢還是要鼓蕩一下。

神意氣合才是術，其他的都是招。十三勢也是招，各種變化都是招。內功就是神意氣的運用。

定發是基礎。外形不動，把人發出去才好。掤，是圓著的，向外的勁，不是直的。

## ●動即是法

接手，要旋轉著接，一動無有不動。我手臂一動全身骨節都在動，只不過不讓人看出來。看出來就帶形了。

一拳過來，趁它還沒到我身上，我向前動一點，迎上去，他的勁就被截斷了，就處於背勢了。

老師給我餵勁，我雙手環抱，意想氣圈向外擴散，也就是個掤勁。不是向前，是圓形向四周散。老師出手一扶我的手臂，勁過來了，我意掤得更大些，好，他站不住了，就往兩邊倒。老師說，平著是這樣，那麼豎著，斜著也是一樣。

以前說過，你出多大力，我出多大意，就是這個道理。

### 2010 年

## ●掤勁不丟

盤拳主要放在神意上，無時無處不合，神意在身外，每式均含掤勁。掤勁不是直著出去的，是成圓、成球形散

出。一個鬆、散勁的球包著我，與天地合一，我動天地亦動，我定，天地人合成整勁。（圖19）

圖19

## ●時刻走圓

接手時，一動無有不動，時刻都在走圓形，每個接觸點上，我都是在動著的。所以我就能總佔到先手，我的意在先，總是比他快那麼一點點，總是不頂，總是敵我之勁不混合，勁兒總是與他的勁形成一個角度，永遠不是成直線頂上。這個角度不是平面的，不是豎著的，而是平圓、立圓、斜圓都有，是立體的。

## ●緊　湊

盤拳時可以不那麼開展，緊湊些，身形收小一點，可以處處發力，定式時「嘿」一下。下午在家照這樣盤了半趟拳，掌心勞宮穴突突地跳。

## ●觸處成圓

圓的道理實在是太大了。和老師試手，他按我掤，如果我直掤，就頂了。外形不動，神意成圓形散出，他就按不到我身上，順著我這個圓向兩邊去了。

他的手和我的臂雖然外形上是直對直的碰在一起，但在碰的一剎那，我這個膨脹的圓已經改變了他力的方向。我的力完全隨著他力的方向來起作用，並不是先有一個我自己斜方向的力來破他的直力。

白鶴亮翅就是個豎圈，意思一樣，這個圈所產生出的斜方向的力，隨對方的變化而變化，最終在對方身後形成一個交點。

## ●腰在手

一出手就要把腰放在手上，放鬆，隨著對方動。一上來是有，不能在變化時丟了，在轉換、變化時，這個還要有。我就是退，也要有，帶著這個東西退。

盤拳時也這樣，但大多會在轉換時丟了，丟就說明身上還是有滯的地方，沒真正鬆。

手上可以有力，但關節是活的。

不只是手上，全身都是如此，我總有個長出去的地方，只要我挨上你，就不讓你得勁兒。太極是個陰陽魚，我這兒退，那兒就進：這兒短，那兒就長。

## ●鬆而不鬆

自從感覺肩鬆下來後，覺得腰胯的鬆開始有點感覺了，以前體會不到這點，還覺得全身都挺鬆，實際上是還有緊的地方。

老師說，這種感覺是對的，最終是要全身所有骨節都鬆開。但是又強調，鬆不是什麼都沒了，中國傳統的東西就是這麼有意思，鬆不是什麼都沒有，還有點東西，是鬆又不鬆，在鬆和不鬆之間那麼一點。

## ●師弟逸事

師弟小龐身上一直緊，僵力大。最近有點意思，他練拳時，對面出現一付自己的骨架，在跟著動。老師跟他說，你把它縮小放在手心裡練。他這樣做了，手上果然有

了東西，再和人接手，就沒有以前的那種拙力去攻人了。這個似乎和手心裡放個小球是一個道理。忽然想到李仲軒那本書《逝去的武林》中說到形意劍的練法，劍尖上挑著一個翡翠的小人，不能掉了。何其相似。

## ●易筋拔骨

易筋拔骨是幹什麼用？筋長力大是傳統的說法，這是有道理的，筋要能收縮。所謂的合要合到自己身上，筋要收縮，但肩肘不能後撤，只能收筋骨；開要開到對方身上，要把筋拉長拉開，一剎那把收縮的筋放開。所以發力要鬆著發。

練拳時，開合鼓蕩中要蘊含著收縮與抻拉之意。用時沒有什麼招，只是身體的合與開，收縮與彈發。還在於時機、火候的掌握。以前總有人說，太極拳沒有基本功，不是的，改變筋骨的狀態，是所有武術的基本功。（圖20～圖25）

## ●牽動往來氣貼脊

晚上盤拳，在無意之中，忽然體會到「牽動往來氣貼脊」。氣貼脊，丹田實，勁才能後邊翻到手上。

## ●神出入

心藏神、肺藏魄、肝藏魂、脾藏意、腎藏志，眼為心之苗。眼睛是神出入之所，盤拳時要能放，更要能收，極目遠眺，神帶著身形動。

圖20-①　易筋拔骨功 <1>　　圖20-②　易筋拔骨功 <1>（側面）

圖21-①　易筋拔骨功 <2>　　圖21-②　易筋拔骨功 <2>（側面）

圖22-①　易筋拔骨功 <3>　　圖22-②　易筋拔骨功 <3>（側面）

圖23　易筋拔骨功 <4>

圖24　易筋拔骨功 <5>

圖25-①　易筋拔骨功 <6>　　　圖25-②　易筋拔骨功 <6>

圖25-③　易筋拔骨功 <6>　　　圖25-④　易筋拔骨功 <6>

圖25-⑤　易筋拔骨功 <6>　　　圖25-⑥　易筋拔骨功 <6>

圖25-⑦　易筋拔骨功 <6>　　　　圖25-⑧　易筋拔骨功 <6>

●鬆軟沉─────────────

　　孫逸仙師叔說，太極拳練不出「鬆軟沉」，就是白練。又說，一開始必須按規矩練，練出東西了，就可以不守規矩，隨便了。

●綿綿不絕─────────────

　　早上盤拳，體會「綿綿不絕」，從起式，拳意就膨脹而出，向四周散發出去。整個天地都在我的拳意之中，也不必拘泥是圈還是個球體，天地人合，不管周圍景物，只剩下天地之間的我在打拳。

　　動作變化時拳意不丟，隨動作轉換，手上拳意的方向

會有變化,但不能在轉換時沒了,然後等下個動作再接上,這樣不對,斷了不行。

轉換時拳意有頓挫、折迭、變化,這些都是可用來發人的地方,東西在轉換中,或者叫小動作。

人人都有自己的一個圈,形意講形不露體,力不出尖。圈的大小就是功夫的大小,練時拳意籠罩,能罩得住的,就是在我的圈內。我要儘量放大自己的圈,感知就會更遠,用我的圈去籠罩對方,罩得住就勝了。

## ●中 和

此錄先賢孫公祿堂之言,太極拳要純任自然,不尚血氣,以畜神為主。周身輕靈,不即不離,勿忘勿助,內天德而外五道,將起點之太極,逐漸推之,貫於周身,無微不至。

又言,練太極拳之起點,當先求一個不偏不倚,不上不下,至簡至易之道路。

又言,拳術一道路,首重中和,中和之外,無元妙也。

就這個中和,既是起點,又是終點,招招式式不離於此。古人有言:功夫在詩外,拳也如是,功夫在拳外,人生於世,何處能離了中和,離了做人就偏啦。

## ●神意氣合

一出手就必須合,是神意氣,同時也是肢體合。我有時只用神意合手,似乎腰上沒合。一動無有不動,一合無

有不合，尤其是腰。丹田貼命門，脊椎成弓形，手與腳合，虛靈頂勁，命門後頂，尾閭鬆垂，身體鬆沉豎直，所有要領同時體現出來，才對。

在地壇和經常來的張師傅搭手，他也說，發人用合勁，不要用開勁。隨曲就伸，放鬆，伸的這一下，全身的神意是合的。勁是從腳上來的，要是用力，就是胳膊勁兒，不是由大地傳上來的勁。能攻還要會防。

### ●佔先手

如何佔先手？你的意長就佔先，一上來就要放到對方身後去，無論怎麼變化，這個不變。

### ●太極如水

太極是水性的拳，掤勁是母勁，如水浮舟，要有柔性，同時水是一直向前流動的，水的張力要體會一下。先實丹田氣，次緊頂頭懸，並不是說有先後，要同時做到，是一個，不是兩個。

### ●陰陽之變

王宗岳《太極拳論》上的東西，要能全練到身上，才是真的太極拳。太極拳就二個式子，一陰一陽，要練到陰陽莫測才是高手。汪公說，我盤拳什麼都沒有，用時就什麼都有。

盤拳時我身體自己是個太極圖，兩人交手時，敵我雙方組成一個太極圖。太極圖不是平面的，是立體的是個

球。揉手時，要捨己從人，隨著對方的勁走，同時向外漲。定步時，內外三合要合，活步能否合上？這是活步揉手練的東西，進步的一方攻，讓對手體會自己的勁斷沒斷。

## ●摘 腰

把腰斷開，讓你的勁打不到我腳跟，發人時，把腰接上就行了。

曾有一次和老師接手，一摸，在腳跟，帶著腳跟還要把意向他身後極遠處放。老師問，這個有吧，好，看這個。他的身形變了一下，我的感覺，斷了，摸不到他的根了，手上是虛的，不實在。他說，我把腰斷開了。這時候是個什麼感覺呢？他的上半身是活的，人站在那兒，可是勁怎麼放都放不到他的身上去。

我試的效果，虛靈頂勁，尾閭鬆垂，把腰斷開，果然，雙臂鬆了，上半身也鬆活了。老師發勁，也打不到我腳跟。但是，他只要一拿我，一動，我的腰不由自主又合上了，一下子把我打出去。他說，我把你的腰安上就行了。

## ●接與發

師弟小阮問老師，接手時自己的東西放哪兒？老師說，我什麼也沒有呀，在哪兒。非要說有，就放在心裡，手上沒有。

手上要非常輕渺，問出對方的反應就可以發了。蓄勁

如張弓，發勁如放箭。這放箭是弓一鬆，放出去的。

不要怕對方近身，我護住身體要害，守住中線，足矣。太極不只有掤勁，還有其他勁可以用。

接手前，就要把腰長出去，沾手就讓他不得勁，讓對方出去，看誰快。

## ●太極也神秘

跟老師去孫逸仙師叔家，聽他聊他父親孫德善的事。

二師爺孫德善以前總是晚上出去練功的，有幾次遇到不可知的現象。太極拳練著練著，總會有神秘的東西出現。

有一次，有個閆大爺（師叔忘了他名字，七十多歲，管孫德善師爺叫師哥，當時孫四十多歲），來和孫德善探討拳法。孫師爺讓兒子站在那兒，離他一公尺多遠，就當站樁，閉上眼。師叔說，我什麼也不知道，就聽我爸說，走。就覺得自己向後一翻，好傢伙，感覺倒飛出去二里地遠，一睜開眼，還在原地站著。孫德善是用二根手指隔空指他，閆大爺那邊說，對，就是這樣。

後來還有同樣一次，孫逸仙站好，又是孫德善說，走，但這次卻一點感覺也沒有。閆大爺在旁邊說，不行，有二個童男童女抱著他腿呢，打不動了。

這是什麼意思？難道是在打元神？打靈魂嗎？太極的東西不是對肉體，而是對元神起作用了？那麼太極講「神意氣」，倒過來氣意神，是不是功夫由淺入深呢？能用自己的神打對方的神，難道是太極的奧秘嗎？

## ●怎麼滲勁？

汪傳太極的重要特點之一是滲勁。我體會，除了用意之外，手上要微微搓起對方的皮，隔著衣服要搓起衣服才能有效。我的勁總在你後邊，讓你不舒服，光用意不行，形上不動純靠想那是假的，手上動作要有那麼一點。

## ●以不變應萬變

對手時，以不變應萬變。太極的狀態，處於有無之間，真假之間，等著對方出勁。太極變兩儀，對方剛，我就一柔，對方覺得空了，剛想變，我就一剛，剛柔變化要快。太極就是剛柔、虛實、有無而已。

剛的時候，骨節一連上，勁就發出去。對方要是對我的關節，我要微微化一個韭菜葉大小，不能大，不讓他對上，同時我要去對他的骨節，找最近的那個對，對上一個，就全串起來了。

## ●剛柔任君變

在地壇和人揉手，兩個人都用力了。老師說，不乾淨，接手分清敵和我，不接對方的勁，用身形來變化。唉，放下拙力好難呀。

剛柔的變化，老師使出來就讓人摸不著。

如果我找不上對方的骨節，他鬆得好，不露給我，怎麼辦？我可以雙手一合，向他的咽喉，做勢要打，對方必然一緊，用力抵抗，我便正好發力。這裡有個竅門，做勢

要打時，卻不打，先剛一下，又一柔，對方一緊，正是我又剛的時候，我自己連上骨節，一剛，正好打出。他要不緊還鬆，我就直接打咽喉了。

接手，放鬆，骨節鬆開，不要連上去。腳圈是在打人時用的，遇到生剛的勁，可以上來就打腳圈。遇上懂勁的，又鬆又柔，這一下就不管用，先要用身形手勢，對上他的骨節，再去打他。

點一下腳圈，放平了打。汪公的語錄也說，勁兒到最後要走平，碰中的時候，要走平。

他發力時，正是我打他的時候，若他鬆，我打不上他，便不管他，往要害上指，讓他不得不接我的勁，但我卻是一鬆，他的勁落在空處，此時我的勁方才出來。用我的體會，我先嚇唬他一下，等他一緊，我再真打。這真真假假，便是聽勁加上經驗才好。

### ●相信自己

和老師揉手時，我的主動之動太多了，沒有做到「隨」，妄動多。這主要是心中緊張不自信，對方手來了，總是想我要化，我要抵抗，而不是隨他來，隨他去，心中不鬆。捨己從人，就說的是這個。

晚上自己盤拳時，想著不接勁，拳就鬆得多了。

### ●隨學隨用

在地壇和張師傅摸手，自覺較以前有了長進，能不使勁了，能聽到他的動靜，但是機變仍然不夠，常常不知如

何化解，或是化解時太過了。

帶著這些感覺和另一位姓李的小夥子揉手，他的手太硬，愛用力，正好來鞏固我的體會。有那麼幾次，能夠在我毫不用力的情況下，讓他跳躍而出，這是進步，以前打出人去，往往是用了力的。

## ●站樁，站出來什麼？

站樁的問題，站出來的是什麼？

鬆。除了腳和地沾著以外，全身都鬆開，虛靈頂勁，這樣就形成了掤勁，這是太極的基礎。沒這個，就什麼沒有。

對方勁來了，碰到你身上，找不到力點，一出勁就被碰回去。

我體會，對方來力，因為我骨節鬆開，形成了一個節節緩衝，一直到腳，這個勁就打到地上了。同時反作用力，是從大地傳來的，由腳傳回我的手臂，同時，又是有彈性的。對方就抗不住了。有一個要點，形要對，腰是樞紐，要向後微鼓，才能起到傳導作用，也可說是「氣貼脊」，否則就斷了。

這個得多試多練，我在老師身上多次體會，只管鬆開到腳下，勁自然彈回。肩也自然鬆開，再也不去糾結鬆肩難這個問題了。鬆肩非常重要，很多人就這關過不去。

把這個感覺，站到任意一個樁裡，做到任意一個式子裡，習慣成自然，功夫便上了身。再多與人交手，就自然一抬手就有，不用現想，全在平時，念茲在茲。

這個感覺以前也時不時有過，但那是在推手時，為了

用而有意做的，感覺也沒有固定下來。

定勢形成感覺容易，由易到難，由靜到動，就是訓練方法，程式。抓住這個根本就都有了。

2011 年

●起心動念────────────────

隨時起心動念都要有拳意，我平時是總斷續，作意去想才上手。不對呀，舉手投足都是太極才對。人要生活在拳中，就像佛道修持，不是你打坐才是修煉，無時無刻都在修才對。

盤拳時為什麼要慢，盤的不是動作，是意，是神，是佛家講的那個不可知、不可說的那個。充斥天地，不在手，不在身，也算是由武入道的一點想法吧。

無論接不接手，根在腳下，你一碰我，就鬆到地下去，自然反彈回來，不是我要反彈。不只是手，任何部位，都如是。按我的前胸，我也是鬆到腳下，你就站不住了。太極不是練四肢，是練身，是軀幹，是樹的樹幹，不是枝子。

對方鬆，我要更鬆，要輕渺，但我的意要充斥天地，在你身後。

孫師叔說鬆軟沉是基礎，沒這個就不是太極拳。沉就是把我的腰放到手上，胳膊就沉重了。

鬆散通空，滲勁就是那個散。這是汪脈特點。要散到無處不在，滲到無處不在。

●汪師爺逸事————————————————

過年前同門聚會，去接汪師爺來參加，在路上一邊開車，一邊聊，說起鬆沉勁這個事，到餐廳後汪師爺興致很高，又和大家試手，體會鬆沉勁。

師爺說：「鬆，我就把胳膊擱這兒了，自然就沉了。」

我先來試，一開始總也不對，不是意太強，就是沒鬆開。後來體會以前教的感悟，鬆下來，氣貼背，不作意進攻，只是舉手之勞，然後往師爺胳膊上一放，把神意向外膨脹，而不是集中於一點，不管接觸點，還有就是肩要開，用神意籠罩對方，手上不動，一開始放上，就是什麼樣，不再變了。

師爺說：「現在對了。」

我體會就是含蓄著勁，放鬆著，漲成一個球，就能影響到對方了。

師爺說：「第二步是用神意舒散過去，找他的中。找到後要變個方向再發，變時越小越好。」

我感覺就是在接觸點上變方向。把那裡當成一個小球，一轉就有了。

實際上，汪師爺的手一接我的手，就已經變化完了，方向已經改變，然後就等著我動了。我的動此時全是妄動，毫無意義。因為我的中已經被他瞄上，只要我一停或一出勁，就被打中。

這個鬆沉勁是太極拳的基礎，後面的一切變化，都從這來，沒這個，就都不對。

## ●盤拳的內感

早上盤拳，第一遍拳體會意在天邊，神意氣合，天地與我一同旋轉。

第二遍體會鬆散通空，空是什麼？汪師祖說，找個什麼都沒有，怎麼體會？我身周是個大氣球，球內是空的。放鬆，把腰摘開，盤著盤著，架式不自覺地低了下去，腰好像鬆開了，自己並不覺得姿勢低，腿和膝蓋也沒有吃力的感覺，是自然低下去的。

第三遍拳，練到第一路的摟膝拗步，忽然感到腰部裡面有個圓柱體，也似乎是個球，實心的，塞在命門這個部位，有一種異物感，一切都是它在帶動，外面的一切動作都沒有了，就是這個球在運動、變化、旋轉，似乎球與身體是二回事兒了，身是身，球是球，並不是腰肌在帶動身體動，它就是身體的中，核心。練完，身上很舒服。

## ●空非空，合非合

神意氣合，在空、什麼都沒有時，如何體會神意氣合？合也不是真合，空也不是真空，似是而非，似有似無。散，是在身外散成一個氣球，散也是合，空也是合。

## ●搖頭擺尾

和老師試手，他的手搭上我，把我拿住了，我怎麼化？我用動作、神意變化都不行，化不開。老師說，把尾閭動一下。這句話一下子讓我有了感覺。這就是所謂的尾

閭上手，搖頭擺尾。

我分析，他拿的是我的腰，在從頭部到尾閭的中間，我要動頭、動尾來化，用手臂和腰不行，都讓人拿住了，怎麼化呀。用尾閭比頭要好，本身尾閭在下邊，不易察覺，尾閭一動，重心陰陽有了變化，勁就回到對方身上，就化開了。但是，我抬手就拿你，你再化我也不管，我就照著一個地方拿，你也化不了。除非你聽勁化勁功夫比對方高一大塊。

## ●不許人摸

揉手二種方法。一種是輕接，把腰胯都活起來，對付力大的，單等你發力或露出破綻。或者是我主動一停，一定，只要你一跟，我就發。

另一種是抬手就散出去，意在你身後，你一接就發，不許摸，摸就打。

## ●打虛不打實

人家攻我，無論到臂、到胸、到肩，我怎麼反擊？不要去格擋、搬折等等。帶著他的接觸點，用我的手向他的虛處、空處、陰處一指，一發，就行了。

除了他發力這一點是陽的，其他359度都是陰的，都是虛，打虛不打實。打實就頂了，格擋也是打實。關鍵在手，活於腕發於肘，六個勁融合在肘上。

## ●接手不過腕

多體會書上的話：

接手不過腕；

活於腕，發於肘；

手是給內氣指方向的。

腕子要鬆活，不用力，才能發揮威力。腕要鼓著，才好轉動。遇到力大身壯的，不必害怕。只要不緊張，能鬆下來，這些東西就能使出來。聽勁要靈敏。

## ●上下相隨

上下相隨有個問題。身子是樹幹，四肢是枝條，邁步也是身子先動，腿才動，不能讓腿先動。

## ●多練即為師

拳的套路是前人把練法、打法融在一起的東西，多練即為師。

太極拳練時多注意虛靈頂勁，丹田貼命門。又所謂「牽動往來氣貼背」，還有譜上說，「身形腰頂豈可無」。呼吸時，氣是由丹田到後腰，然後發散到全身，手上一脹一脹的。要多練多摸手，多和人動手，功夫是練出來的。

## ●因敵變化

太極拳無他，把神意放開，合上是個立體的球，膨脹。你的神意通天達地，無處不在。火候是什麼？就是因

敵變化示神奇。用多大意，出多大力，向什麼方向，全是根據對手而變。你聽到什麼程度，就能變化到什麼程度。聽不到是你功夫沒到。

盤拳主要練神意氣，練身子（軀幹），不是四肢，尤其是丹田到命門，一切都由這裡發出。對手的力也是由這裡化掉的。先是大球，最後要練沒了。

## ●散 手

散手用招，但同時也是神意氣合，外三合更重要，再有就是腳能否跟上身子。「打法定要先上身，手腳齊到方為真」。

說到散手，師父說，什麼叫好手？一沾就有，不管你力大力小。在屋裡試了一下，我單手前衝，身子也衝上去，師父伸出一隻手，一抹我的拳頭，微微向上，把我整個身子都拎起來了。感覺他的手就像一個向斜上方的魚鉤，我就是那條被釣上的魚，就不由自主被這個力引走了，失重，身體整個起來了。

## ●走 意

由二人的接觸點，順對方之力，聽他出勁，我的意就順他的手指方向加意；他回撤，我就向他肘的方向出意。他有掤勁，我的意就走他的大臂，向肘的方向；他用捋，我的意就順他的肘，奔向他的肩。

只要管一個關節就行，自然就把別的關節串起來了。別想得太多，我只管借他的力。

## ●無 為

佛家講自性，遍虛空盡法界。

太極拳的性也是無處不在的，不要想自己也不用想對方，舉手之勞，抬起手而已，關節都是活的，身體好像一個大球膨脹，心早就在天邊無限遠處。甚至不用抬手，身體任何一個地方，對方都摸不得。我的動都是對方帶動的，我是空的，這就是那個無極的狀態。神意氣合上，不出尖，就那麼個球，呆在那裡。是太極的狀態，就是汪師祖說的，我什麼都沒有，又什麼都有。由無極而太極。

我合好了，不只是練拳時合，接手時合，行住坐臥隨時合，就好像佛家的參禪悟道，隨時體會那個狀態，直到成為習慣，本能，生活在那個狀態中。

接手時，心手相合，對方一碰我，我合適就出，就是陽，是實。對方勢大，我就是陰、虛，等他勢背，由陽變陰時，我再變陽，再碰他。問題在於以陽打陰，以實擊虛。

打他不是用手，是身體上前，步隨身形，手到腳到，手打人就犯夠。有了無極，有了太極，就可以陰陽互變為用。太極就二個式子，陰陽。

陰陽互為其根，其中一個突然一沒，另一個也站不住。上次我和小阮推手出現的情況，就是這個道理。二人正推，師父一叫，我一扭頭，神意都離開了小阮，雖然手還搭在一起，但心不在，他一下子就蹦起來了，不知所以然。問他，他說正出勁，而且蹦得還很舒服。

## ●仁者心動

看師父盤拳，像畫家畫畫一樣，行雲流水，隨性而為。要是想著應該怎麼畫，線條要什麼樣子，就會生硬。故而，欣賞國畫，尤其是水墨寫意，想來道理是相通的。

練拳的各種規矩都是對的，但不能死守著不放，到一定程度就不要拘泥了，都是神意氣的運動，是你的心在動，至於姿勢怎麼樣，不重要。佛家講知性遍法界，借鑒這個說法，我們的心遍法界，不是在這個身體裡，他還摁得住你嗎？神意都在外面了，你當然就鬆了，什麼也沒有了，你緊，就是你的心沒有放出去，在你身體裡呢！

神意不是死的，不是放到對方身後就完了，要隨著對方的動，神意也在動，他就打不著你了。

## ●球皮勁

練太極拳的最重要的一點，是要有那個東西，前輩都說是從架子裡練出來的。球皮勁，掤勁，有了這個，才能談其他，沒它，身上別的勁出不來。意向外輸散，不能有方向，立體地散，散成球。

一伸手就有，對方碰我，只能碰到我的球皮，我要吃進他的球心，控制他。

意大了不行，身上僵了；意不真不行，出不來。

就這個問題向汪師爺請教，開始試了幾次。

汪師爺說：「不真，有點不清楚。」

我知道原因，是我在用力地想，向外散，著相了，就

出不來。心裡正胡思亂想著，忽然手上出了一下。

汪師爺說：「哎，對了，可是又跑了。」

汪師爺幫我往回找那個感覺，扶著我的手，我感覺不出手上的阻力，很舒服，像摸著空氣，雖然我挨著他的手，卻似有似無，又好像血液、氣一直通到手上，通出去了。

師爺說：「這就對了，在盤拳中也要找這個感覺，自己合適，勁就出來了。」

雙手接觸，我的神意氣被接觸點吸引，勁就出不來。不管他，只管我自己的放鬆，膨脹，這樣勁就出去了，沒有方向，對方擋無可擋。

接上手，要讓對方不敢撤，又不敢攻，才算對。

接手的一剎那，已經決了勝負，輸了要琢磨為什麼輸，輸在哪兒。

## ●陰陽互為根

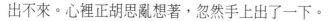

蕭維佳老師聽我講了自己和師弟小阮推手時的那個經歷，說當初他們跟石明老師學，也常出現這個狀態。後來用心特意去找，就找不到了。

似乎是這個樣子，二人搭手，一個人突然不搭了，不玩了，不光手不搭，神意也突然離開了，斷得徹底，一絲牽掛也沒有，這時對手就蹦起來了，就好像陰陽魚本來是互為其根，突然一個根沒了，另一個沒了根，不平衡，也站不住了。但是如果作意、特意去找這個勁，卻不行，為什麼？也許是神意沒斷乾淨。

## ●一身舒適為萬法宗

起勢，要捧著一個球，從水裡出來，然後把球摁回水裡。扶著球側邊是不行的，會打滑，一定要摁到球心，按它的中，才能把球摁到水裡。後面的動作，每一個轉換，一定要合適了再動，動作之間要把中心、腰胯等調整好，再由腰運出去，汪公永泉曾講過的，每個式子都有它合適的腰，必須腰正了，合適了，才能走下一個式子。定勢的動作，神意放到極遠，要做下一個動作前，把神意氣收回到丹田，再由丹田指揮，做下個動作。每個動作都讓它合適，處處合適，就處處有掤勁。

一身舒適為萬法宗，更是一身合適為萬法宗。

關鍵是那個第一下的掤勁，它是太極拳的母勁，有了它，其他勁才能出來，它是基礎，否則說什麼都白搭。

## ●變則通

腳上要隨時變換，不能總是一條腿支撐，二條腿更不對，二腿這間要變換。

腰胯腿的旋轉，就像從井裡向上拉水桶，雙手一把一把地向上拽，不是手拽，是腰胯左右互換，力由腳來。抖大槍，意思一樣，是腰胯的翻轉，帶動槍一開一合。

## ●丹田小球

自己在家練起勢，突然身上出現一種感覺，以小腹內部為核心，有一個小球，身體圍繞著小球動。是個立體

的，360度，像個萬向軸。越鬆，這個球越小，也越靈敏，用意去觸碰它時，它則是旋轉自如。雙腳也不是死站在地上，也是隱隱左右互換，重心總是在變。

起勢向前向上抬起手時，雙手就不是一樣的勁，分陰陽，一手實一手虛，萬向軸隱隱上下前後左右在動，外形上倒是不顯。有意思，不過太極球本身就應該是運動的，不是靜態的。

## ●如何散

散怎麼做？汪公書上說，是往水中扔一個小石子，小石子作為外力，落在水中，濺起水柱，水柱落下，形成一圈一圈的水紋，散出去。回到拳裡，外力過來，我不是直接向外，去迎接這個力，那是頂。我向內吸，不光前面吸，後面也吸，吸到丹田，然後通過丹田，脊椎向四周，無方向的散發，好比一個大氣球，受力時，那一點是凹進去的，但四周向外漲，就把這個力彈回去了。不是向前，那樣就頂。這個有點牽動往來氣貼背的意思。把神意氣收回到丹田，命門，再放出去。

盤拳時神意的收發，也是起這個效果，形成習慣。神意氣收要收到丹田命門，放要放到無限遠。散是意散，意像是燈光，普照四處，不是手電筒，只向前照。

## ●尺橈之變

接手，用橈骨，對方來力，我轉手臂改用尺骨，他的力與我手臂的夾角就改變了。他打不到我，我的力到了他

身上。注意一點，光轉是不行的，重要的是我的勁要能出去，向外膨脹，也即是掤勁，沒這個，再轉也沒用。

## ●找自己合適

要讓勁放在人家身上，不放在自己身上。要找自己合適，自己合適了，勁就到人家身上了。

地壇的張師傅推手，愛用手指一指，一勾，一翹這種小動作，來引導內勁的變化，類似師父說的變點，改變力的方向和角度，加上神意氣膨脹，勁就到了對方身上。他聽到了，就會再變，誰快誰贏。

## ●健康第一

這天下午和孫逸仙會長、楊瑞副會長去拜訪汪公永泉弟子齊一老先生。先生這年九十二歲，身體之康健令我吃驚。他家住的樓房，還是比較老式的那種，樓梯較窄。我上下樓都要看好再邁腿，老先生居然走路如風，幾步就甩開我好幾米，把我這個年輕人比下去了。

在他家談了好幾個小時，老先生一直在感歎，汪公傳授的太極拳給了他一個健康的身體。聽老前輩說了許多拳界往事和他對太極拳的理解，受益良多。

## ●抖杆子

因研究會的公事去孫逸仙會長家拍照片，辦完事，向他請教太極拳中的抖杆子。他拿個小棍兒做示範，全是用腰，胳膊不要用力，杆子是平的，不要特意向上向下，杆

子頭自然畫圈兒，不讓用力抖，又不是練肌肉。孫師叔這一支還是強調功從站樁出。先站樁，站出感覺，用到拳裡，拳裡的感覺用到推手中。

## ●穀道收縮

穀道收縮，歸於丹田。全在丹田的收與放，全身各部往丹田收，由丹田向外放，手臂是個通道。勁從丹田收放而出，能從全身任何部位外放。還有就是要一足著地，腳、手和腰相連，才能旋轉自如。

## ●控 制

意在對方身後，控制對方，對方感覺到不適，就要調整，要化勁，就要動。我是隨著他動，他要不動，就被發出去了。

如果對方的意一上來放到我身後了，我聽到了，要能摘開，轉換回去。

我身前這一百八十度，全在我控制範圍之內，我不讓你過來。

正好有個大姐在地壇和師父學拳，要和我推推手。剛才我和師父推，我是毫無辦法，全然被動，這次和這個大姐推，就掉個兒了。我把神意放過去，她說，感到雙臂上的鬆沉勁很重，不由得想要化解。而我是毫不用力，就隨著她動，保持著隨時可以將她發出去的那種感覺，她的一舉一動都在我神意控制之內。師父控制我時，可能也是這種感覺吧。

## ●騎車的感悟

騎自行車去超市買東西，買回來一大袋子，沒有車筐，回來時，單手提著袋子，另一手扶把。發現手上越使勁，自行車頭就左右亂晃，不穩。要是手上沒勁，只是輕扶著，用腰發力兩腳蹬，車就穩了，手上只是掌握方向。

這和太極拳是何等相似，手是給腰腿發力找方向的，手上是不使勁的。

《太極往事》這本書中寫到吳氏太極拳大師王茂齋，久練未悟，後來看石匠鑿磨盤，前手扶釬子，後手掄錘，恍然大悟。前手不用力，只把握方向，後手才是那個用勁兒的。

## ●一鬆一緊

太極就是一鬆一緊，什麼鬆緊？是筋，甚至可以不要外形上的鬆緊，意上一緊，往回一縮，再往外一鬆，一放，就是太極勁。

交手，意不要放在對方身上，要放在他身後，我若遇到阻擋，不能去想被擋住的地方，找自己的合適，勁自然就會繞過頂點，或上或下，或左或右，他自然就頂不住。

肩不但要鬆還要有彈性，招招式式不外就是「引進落空合即出」。

2012 年

## ●搭手時用力怎麼糾正？

神意氣合，抬手就擺好了，不加一分不減一分。《心經》裡說了，不增不減，不垢不淨。合不要也合到十分，要含蓄不外露，關節曲蓄，九曲珠似連非連。

對方怎麼摸你呀！不能露尖，露了人家就能借你這點勁兒了。想他一個點，他就不舒服。

## ●手指方向

汪傳提倡手給神意氣指方向，不要硬指，硬指就僵了，也會被人家借力。都要是軟的才行。一搭手，手就指著方向，勁就在外邊，他一挨勁就到他身上，而不是搭上後再指，那樣就晚了。

## ●看一眼就夠了

滲勁怎麼體會？就像茶壺裂了個縫，水從裡面一點點往外滲。

我和師父搭上手，試驗這個滲。我從心裡把神意向外一點點滲透，師父那邊說，嗯，有感覺了。又說，你這時只要往我身上想一下，或是看一眼，就夠了。我用精神，用眼睛往他的咽喉部位狠狠地瞪了一眼，其他哪兒都沒動，他居然就騰身而起了。

師父說：「你看，就這麼簡單，功夫到了，看你一眼

你就受不了。」

## ●散則成氣

散成氣球，掤勁不失，但我這個氣球，不能帶著硬的球皮，是個氣團，勁沒有方向，四面八方。你出勁了，我的勁才有方向，就等你出勁。肩要活，讓你問不死，你問得大了，我的腰胯腿腳也是活的，還能化開，讓你打不著我。

藝高人膽大，膽大藝才高，要練個不怕，不怕心裡才不緊張，才放鬆。所以心裡要有點吊兒郎當的感覺，不怕對方近身。

## ●鬆緊火候

勁的這個火候最難拿捏。例如搬攔捶，你手來了，我右拳一翻，翻之前是鬆的，沾著你那一下，緊。掂你一下，你要有力，這一下就拔了你的根。然後鬆，神意往你身上出拳，在這個點上就完成了，動作沒有變，加上方向，緊一下，就可將人打出。如果你不那麼僵，掂這一下，沒掂動，神意配合動作向你身上出拳，這個過程是鬆的，到合適的時候，才緊一下，將人打出，一般情況出拳打向咽喉。

## ●滲　勁

汪脈拳的特點之一，就是滲勁，不讓你摸。滲勁像滲水，別使勁，別杵人，沾皮不沾骨，似乎皮和骨能分開，你穿著羽絨服，我就蹭你羽絨服的面兒，人就這麼奇怪，

這麼點勁兒，你就會有感覺，就被我影響。

滲水，不要像開水龍頭，嘩啦一下水都滋出來了，要滲，好像手電筒，不是用手電筒杵人，我用手電筒光照人。我用眼神看你，用心想你，就是手電筒的光。

## ●捨己從人

捨己從人，不是我找機會打你，是我跟著你的勁，你自然就被自己的勁走到背勢，自己出去的。不是我要怎麼樣，是你的勁使我做出自然的反應，找自己的舒服，你自然就不舒服了。太極拳是以靜制動，別總想著打人，等他動，你再動。

## ●掤 勁

要點：肩鬆著，臂上有掤勁，帶著掤勁鬆。

在家裡向師父請教，他拉著我的手，前後抖，我雙臂隨他前後動，掤勁沒了，他的手就到我胸前了，所以掤勁不能沒，硬了不行，肩就死了。鬆著掤，自然雙臂隨他的手動，他來我縮，他去我跟，師父說這就沾上了，對方跑不了。如果對方稍一硬，不用我想，也來不及想，他自然就被彈出去。不是我想發人，是在這種鬆掤狀態下，自然的反應。對方力大，我還可以隨之自如地變換角度，向上向下向側，太極的各種勁兒也就自然出來了。這一切都要在鬆掤的基礎上，所以說，掤勁是太極拳的母勁，其他勁都是由此生發出來的。沒有掤勁，其他都不是。

掤勁不是非要杵著人家，哪怕只是沾著他的衣角，也

是掤勁，也能影響他，這才是真掤勁。

●斷 勁

在月壇練拳，盤拳後和大家推手，在和師弟小張推時，忽然間找到了「斷」的節奏。以前這個「斷一下」，師父總說扭轉背勢全在此處，但總是做不好，不是慢，就是帶外形，今天不自覺間拿與被拿，攻防轉換，全在一念之間。一想就全有了，對方根本沒有覺察。

讓自己輕下來，細下來，就會摸到中斷點。

●夜讀拳譜有感

夜讀《太極拳譜》，結合自身，以期有所思悟。拳練的多了，身上更鬆了，身上的感覺敏銳了，對拳譜的理解也會慢慢不同。

身上的感覺還是太粗，遇低手自然可以人不知我，我獨知人，遇到高手，我就是那個被知的了，更何況一羽不能加，蠅蟲不能落的境界。與師父進行的摸手研究，頗有一些由宏觀入微觀的意味，所研究的不單是手上的毫釐變化，還有心態、精神上、心意上的細微差別。由一毫端，現十方剎，坐微塵裡，轉大法輪。

立如平準，活似車輪，偏沉則隨，雙重則滯。這一段話最近揉手中有所感悟。和師弟們揉手，我雖雙腳沾地，但確是感覺只是一點支撐，以腰為軸，丹田命門間有一小球，隨來力旋轉，一沾就走，身體雖有俯仰，但重心不失，靈活自如，當是有所進步。

　　應對的手法很多，我一直思索那個簡易的核心道理，在那天師父說了「鬆捆」之意後，豁然開朗，這個才是那個基礎的簡易之道，不是小法小術。知其一萬事畢，應當是指這種東西。萬千變化，不過由它生化出來，又何必拘泥於此招如何應對，那樣用何手勢，自然一站，勢勢由人，自然十三勢法由捆生起，隨用隨忘。

　　某日在月壇和小黃推手，我讓他拿住我上半身，我說，我用胯打你。用胯尖向他身上一點，他便跌出。他學試了幾次，總也做不好，實際這也是小法小術，招式而已。以前如果換別人教這個，好像挺神，其實不過是我的感覺，此時此處恰好是二人陰陽轉換的一個點而已。這個就是尾閭一換方向，擺尾。真正明白後，並不需要記住什麼情況下用這個方法，它是自然感覺到的，就該這樣用，生用就沒效果了。

　　接手，側接，旋轉著接，不單手臂轉，腰要轉，全身都要轉。

　　擠手，前手捆起，對方雙手按住，我後手往前臂上一拍，對方彈跳而出。前手不用力，放鬆，就當胳膊沒了，後手才能打得好。

　　前手這一捆住，對方雙手一按，實際上對方雙手已經不分陰陽，就算還分著陰陽虛實，但我前臂連住了他的雙手，也就把他的陰陽連成一根棍了，後手一拍，無論拍在哪兒，都是拍到了他的中心，等於他的虛實點同時受到攻擊，如果是一隻手還好說，可以由實變虛，但雙手就不行了，左手實變虛，右手就必然由虛變實，總有一個點要被打上。

圖26-① 打擠

圖26-② 打擠

圖26-③　打擠

圖26-④　打擠

圖26-⑤ 打擠

圖26-⑥ 打擠

　　拳譜中說，發勁須上下相隨，乃能一往無敵。上下相隨，就是步法身法能跟得上。

　　邁步如臨淵，運勁如抽絲。

　　蓄勁如張弓，發勁如放箭。

　　這個張弓放箭，就是縮和放，鬆與緊，勁是鬆出去的，不是周身一緊。

　　曲中求直，蓄而後發，收即是放，連而不斷。

　　曲直、蓄發、收放都是一個，不能斷開。有句拳諺：束展二字一命亡。同理。周身節節貫串，任何一個骨節，都應該能夠單獨收縮、發勁。

　　汪公的《語錄》一書中說，拿有實拿、虛拿，要虛拿不要實拿。我以前就是經常實拿，所以費勁，不對。拿要輕，穿對方關節，讓他不好發力。要用意氣拿，不用力去抓。

　　汪公書上說，接手的勁兒，由輕到更輕到無，聽到對方的中後，隨即鬆開，但要看住他的中，我鬆、沉、直、豎，內含蓄勁兒，對方一碰我，就被碰出。

● 無　相────────────────────

　　接手時意在六虛，即所謂上下左右前後虛空之中，對方還怎麼打你呀？想自己身上，就會滯，要無為，無為無不為，要無相。你有相，就有了模式，有模式就有陰陽，就有缺陷，這樣對，換個角度就是錯。拳經上說，太極者，無極而生。無極，不分陰陽，他打你哪兒呀？

　　盤拳推手，意在身外，在內就滯，我與天地虛空相往來，他往你身上加力，就是在破壞這個與天地往來的和諧

狀態，他破得了嗎？但你要生出有相，你是你，天地是天地了，那人家就打上你了。

盤拳，在這個狀態中，還有什麼腰不腰的問題？早就過去了，腰不求鬆而自然就鬆，不必拘泥身體的姿勢狀態，自然都是對的。

我做個起式，師父來餵勁，按我左手，我不管他做什麼，我只是放鬆，抬手，意在前方遠處，也沒有一個實在的目標，他就已經站不住了。又按右手，也這樣。

換個方式，他伸手餵勁過來，我隨意抬手，碰在一起，他又碰出去。

師父說：「好，就這樣。」

又說：「碰到力大的，體壯的，就是不接他的勁兒，側接，手上總是虛的，同時用身法來左右晃他，不是手晃，是下面二腳切換著動。要有信心，敢讓對方手進來。」

又說我：「你差不多也該斷奶了，不能總賴在我這兒，得自己多去和不同的人實踐。」

●陰陽消長───────────────────

對方的勁進來了，要讓他進，不躲不閃，隨他的勁，腰向後弓起，讓他幫我把身體這張弓拉起來，陰陽消長，他的力進到一定地步，就開始轉換為我的舒服。此時，我一蹬腿，身體拔起，把弓放出，意向上走，不要向來路去頂他的力，他必彈跳而出。這個也不要拘泥方法，原則就是引進落空，往哪個方向都行。

## ●要哪兒給哪兒

順人之勢，借人之力。對方來力在我左肩，不要想著在左肩解決問題，左肩給他，順他的勁走，陰陽互換，我左虛了右必實，出右手，或只靠腰的旋轉向左後，順他的力走，他也要跌出。

## ●重要的是進狀態

站著不動，身體調順，進入太極的狀態，別人摸不得你。他摸你時，不要想他，也不要想怎樣反擊，還是該怎樣就怎樣，只要身體符合太極的狀態，重心在下穩固，他扶上你，只要他發力就被彈出。我也可以用手指下方向，或是旋轉手腕，尺骨橈骨轉一下也可，只要他用真力，就被發出。讓小黃試了多次，效果不錯。他推我肩，我一翹手指，他就彈跳而起。

這個狀態盤拳時一式一式地找，一個定式，動作都是這個隨時發人的狀態，再向下一式過渡，習慣成自然，每個姿勢都可發人。

## ●佔先機

兩人推手時，一上來我就要佔先，以前都是想怎樣接手，不對，要讓對方接我的手。左腳在前時，右手向左前推按，右腳在前，左手向右前推按，另一手輔助，對方一接再變化，當然也可不拘哪隻腳在前。還可以兩人虛推，用神意來找變化，找到一摸，對方就要跌出。

小黃用雙手抓我手臂，佔了先，我用翹手指的方法就打不出去他了，因為他是二個點，可以互換著化掉我的勁。後來我用另一隻手拍一下自己的大腿，把他打出去，這個有點像擠勁的用法，我根本不管他的手哪個用力，哪個是實的，全當成實的，實際是把他的二手捆成一個棍兒，以我的胳膊為媒介發勁。

後來再想，他抓哪兒，用哪個胳膊一轉，破掉他的二個點，留其中一個點，也一樣能發出去。

## ●內　感

近些日子身體在練拳時出現一種感覺，一進入太極拳的狀態，後背就似乎有一片力量在積蓄，在後面膨脹，說不太好，又不是肌肉起作用，有向下走把腰連起來的趨勢，但目前腰還不是能很明顯地感覺到它。

二天後，後背的膨脹感覺能下到腰了，後背好像有點一體的意思。只要虛靈頂勁，腰部懸空，尾閭中正，自然蓄勁到腰，不用時若有若無，上下似乎有一條線連著。

用的時候丹田一貼命門，感覺氣貼上脊背，膨脹，尾閭微向前勾，又如犁地之意，自然勁自腰發，周身一家。

## ●一門深入

佛法中八萬四千法門，任何一個法門由此悟入，都可以成就。楞嚴經中二十五位菩薩自述，由色聲香味觸法，一一而悟得佛法。

太極拳也強調悟，我是從虛靈頂勁中找到太極拳勁之

妙，漸漸鬆肘、鬆肩、全身鬆下，那麼也可以從開胸張肘悟入，也可由尾閭中正悟入，任何一處都是法門。重要的是抓住那個法門的精髓，在身上產生共鳴，進而引發其他要領。一個對了，其他的也能漸漸做到。

楊澄甫宗師《太極拳十要》第一就是虛靈頂勁，統御全身，我深有感觸。

## ●諸法一如

在月壇和師弟小黃揉手，感覺他身上處處是破綻。我試驗用拳式中的各個定式，將他打出，甚至還可以用其他拳的招式，但內裡用的是太極的東西，也可以如意地發放。想鬆沉，可以在外形不動的情況下，只用神意向地下沉，幾乎可以讓他坐在地上。有點隨心所欲的感覺，怎麼打怎麼有，我看原因還是他身上太僵了，太好借力了。

讀孫祿堂、孫劍雲的文章，結合練拳，其中總有萬千法門皆歸於太極的感覺。各種拳法，似乎都能用太極的勁表現出來。孫祿堂老先生創三拳合一，拳合於道，讀他的東西心裡有通透之感。

每思近日練拳的變化，胸中總似有千言萬語不能宣洩。越練拳，似乎就越向精神層面發展。

## ●行坐一如

今日外出辦事，走在路上，不自覺地用上行步的功法，步法輕快，體會到力由足發，達於手臂的感覺。能感覺到，力從足蹬起，傳到後背，貫於頭頂，如果用手一

指，就可以把這個勁領出去。拳意就應該是無時無地存在身上的，不是練時才有的。在各種狀態下，尤其是極限狀態下仍能保持太極的虛無狀態，有為條件下的無為，方能大用。

由走路的體會，漸漸到任何姿態，勁力都可由足貫穿到百會，太極的勁就是這樣在起作用。對方推不動我，我可以很隨意將人發出。都是這樣一個力的狀態。這是身體整了，外三合的自然表現，行住坐臥，舉手投足都是合著的。

## ●不懈於思，不吝而行

最近練拳推手，敢讓別人貼身，就是勁放在我身上也不怕。感覺自己身中好像有一堵牆，對方來力就會被牆向四面八方化掉，這個牆似是一個平面，又不是一個平面。受力時，後面鼓出半個球來，用這個半球發勁，身體正面到對方身上這個空間是另一個半球，中間是一條分隔號。

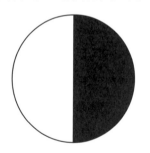

又可以想像成是中間S線，好像個太極圖，因為這條線是在變化的，不是死板的一條分隔號。要是加上身形，這條線可以向任何方向，展現出S形，這個太極球實際上就轉起來了。

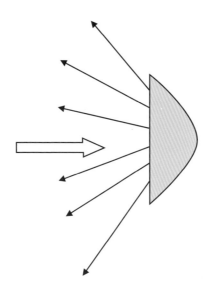

太極分陰陽，與人交手，就是找他的陰陽，隱自己的陰陽，讓自己處於無極狀態，陰陽莫測，讓他處於孤陰孤陽的狀態。

溶自身於無為。抬手就是一個大氣球，虛無的氣球，什麼都沒有，又什麼都有，碰上就有，不碰就無。

孫式太極拳中說到，無極式是中，體會無中生有之妙。在內為氣，在身為軸。何謂中，無思無象，無兆無形。何謂在內為氣？此氣於無思無象中自無而生，一氣渾淪而無定向，似霧朦朧，彌漫周身。意軸形成，身體鬆開掛在軸上，自然虛領頂勁。

打人如走路，是在能運用整勁的前提下。

●前輩印證────────────────────

去汪仲明師爺家，彙報工作上的事。同時求教，彙報

自己的體會，得到一定的認可，尤其是接手後，意氣在後面膨脹成球這個東西。只不過面對他的手，我仍有一種面對大山，推不動，不敢放手去推的感覺。師爺說，這就是個人的功夫大小的問題了，但你體會的這個東西是對的。

● 與同門揉手

有師弟從南方來京，邀我同去師父家並揉手，請師父點評。

師父說：捨己從人沒做到，還是有主動的成份。他進多少，我退多少，沾皮不沾骨，要哪兒給哪兒，只有中線不給，他威脅到我的中，我就必須發。

光鬆，光化不行，要化中有打，化的同時要影響他，二人一搭手，就要把意放到他的後腳跟，放在地上那個圈上，等他出勁。他出勁我就隨著他走，不主動，走順勁，一旦威脅我中線，我立刻用身形變。沒威脅之前，用手不用肘，用肘不用肩，用肩不用腰胯。少動，不大動，順他的勁，同時加斜向的勁，要牽動他全身。

● 取長補短

晨練時發現樓下新出現了一位趙師傅，練洪傳陳式太極，推手水準相當好，柔曲百折，擅長貼身，用身形控制對方。我們一搭手後，他就說，嗯，你這和我的一樣呀，都敢讓對方把手放進來。他的手很快，長於控制對方的肘，手法上擅用擒拿。頭一回跟本門外的人推，有些不適應，但我可以取長補短。

這天早上和趙師傅推，加強意識放在地上那個圈，能感覺到他應付得要吃力些，手上感覺有力了。他的手按到我胯上，我習慣性撥開，他說不要撥，讓按實了，正好借力。對呀，這點和楊式拳的道理是相通的。帶著這個體會，再到月壇和那邊幾個人推手，著重體會捨己從人，完全讓他們主動攻我，我不去攻，讓他們把勁放過來，放實了再變。

把這個體會用到起勢中，我做起勢，他們手按在我臂上，按實了，我只用意念向上走，讓他們自己飄起來。屢試不爽，用力也飄，不用力更飄。我意向前下方採踏，外形不動，同樣，讓他們站不住，向後倒。

對方的勁若是虛的，我還不好打，要幫他摁實了，全化掉不行，化一半留一半，才是借力，全化掉就沒有打，全用來借就是硬撥了。化一半留一半，給他留點希望，汪公書上就是這麼說的。

## ●氣 息

下午在外邊打拳，站一會兒椿，收功，閉一會氣，再緩緩放出，體會到丹田一團熱氣，充斥全身，更主要的是充滿雙臂一直到手。此氣與呼吸之氣無關。

以前天津練八極拳的王來喜師兄說過，練一趟拳到收式，不能張口，要把那口氣緩緩咽下去，說一趟拳練的就是這口氣。

師父對練氣不太支持，還是強調神意，說在氣則滯。強調接手處不變，勁（神意）要盡虛空，遍法界，隨對方而動，把我的神意罩過去。

看來還是我的境界不夠。

## ●體會氣圈

早上練拳，站樁，體會地心引力，也即鬆沉。盤拳時每一個定勢都停下來體會。另外，汪公書中講，氣沉到腳下，然後升騰到腰，形成三個氣圈，膨脹出去。我體會氣沉到腳下，就是鬆下去了，氣升騰是意識帶上來，形成三道氣圈，或是一個立體氣球，向四周漲出。

打拳時時刻保持，身體沉在腳下，氣漲在四周，直到天邊的感覺。因天氣冷，偶而體會到熱氣從胳膊沖到手上，如果意識中用這個氣發人，就不會使拙勁了。這個氣是意識指揮的，與肌肉無關。

## ●發人要有脆勁

發人要脆，自己要讓自己沒有了，要發時，骨節一對，不去想手，是腳蹬出去的，注意是一隻不是二隻腳。

要相信自己，就全有了。身上吊兒郎當，一抬手，不在手上，在外面，在老遠的地方，他怎麼摸你呀，一摸，「噔」，就合一下，馬上一鬆。

手一搭，手臂的鬆沉勁兒怎麼體會？光鬆著不行，自己的手找自己的腳，用意找，這樣把對方的人都能帶過來，向上一起，「噔」一下，就發了。

## ●練拳就是練開合

練拳就是練開合。這話對，從站樁開始，內氣就一吸

一合，一呼一開。合於丹田，開於四維上下虛空，合於一點，開於無限。自四肢百骸收回合於丹田，又自丹田通過四肢百骸發於宇宙。自己與宇宙合一，共呼吸。站樁如是，盤拳如是，行住坐臥如是，這麼一想，自覺丹田氣暖，四肢通泰。師父以前講縮放的道理也如是，縮要縮到尾閭，骶骨，放是放於無限。

## ●盤拳內感

近日堅持站樁，帶樁盤拳，每覺小腹丹田一片溫熱，隨吸氣，熱氣貼後背。呼氣，熱氣沉入丹田。今天下午抖了幾下大杆，又用小棍兒抖開合，再站樁，覺一股熱流從尾閭直升大椎，整個後背暖洋洋的。

盤拳也是這個感覺，到提手上式尤為明顯。

## ●要敢放鬆

就一隻腳的腳底和地踩實，其他地方全鬆著，不給對方添勁，彼此之力不混合，一混合你勁小就輸了。關鍵在於你真能放鬆，還得敢放鬆。全身都是柳條，就那隻腳是樹幹，他一出真勁，你立刻一蹬腳，從無變有。

出手時意就放開了，就別再管了，身上的神意是合著的，但是不能露出來，露出來人家就知道了。

聽勁要準，他出假勁不管，就隨著他，他一出真勁，用上腰勁，你就立刻一合，一蹬勁就到手上了。

不接對方勁，在沾連黏隨上下工夫，在鬆上下工夫。

●意動為先─────────────────────

意要麼上天，要麼入地，要麼往極遠的天邊，天地的盡頭。

形意拳有立槍為拳之說，太極也重大槍。我體會，抖大槍，意在槍頭，勁就不會憋在身上。沒有槍，空手對人，意還在槍頭，如同有槍。這個槍意就穿透對方，到身後去了。及至槍頭一點，一擺，一紮，一崩，一劈，一開一合，處處能有個槍意出來。

對方按我胸，我不以胸抵抗，只將氣血沉到我的腳心，再想對方的腳，似乎有個三角形的力量，勁就回去了，不必動外形，只以意動。（圖2-27）

圖2-27

2013 年

## ●心 靜

這一天坐在書桌前讀《性命圭旨》，心靜下來，沒做什麼，自然感覺到丹田和後背、命門裡面熱氣騰騰。

## ●把自己變成氣球

定勢，全身如一氣球，體會，前後上下左右都是圓的，腳給全身支撐，腳下的勁升騰起來，膨脹到手臂，後背，球在身體之中，懷抱球皮，後背是圓的，是球皮。別人按我任意位置，都可以將力傳到腳下，再通過球皮返回去。不同的姿勢，就把球揉成不同的形狀，體會球的膨脹力。帶著這個意，移動身體，走步，意不要失，動靜之間皆含此意。身體是一個整球，滾動，平移，又不能僵，僵了就是把氣球變成空心玻璃球，擊中一點，就碎了。

吸，從天之極，地之極，吸到球內，達於丹田小球最好。呼，球體膨脹到天邊，達於無限遠。吸收回，呼放出。

練上一會兒，感覺手上皮膚都顯得光滑了，身上很舒服。

## ●動作要小，勁要細膩

近日常去地壇，與師弟小黃對練，他近一年進步很大，鬆多了，手上也靈活，敢讓對方手貼身，我如攻得大了，還會被他借力，動作越小越好。

有這麼一次，他來掌，我以拳相迎，在接觸點旁邊，稍側一下，找了個新點，他立刻說，哎，我的腳跟起來了。這個就不錯，大了不行，他就知道了。勁得往細了練。

推手時有對手，對方一加力，容易體會掤勁。盤拳時，沒有對手，但是有空氣，有地心引力，要以此引出掤勁，找空氣阻力，找到了，掤勁就細了。

## ●引進落空

對方出拳，我出臂接，不能用手臂硬攔硬接，要沉肩墜肘，讓對方的勁從我的肘上化走，在我腳下畫個圈翻上來，由腿──腰──肘──手通過觸點發出，是個圓。任何方向、任何部位都要做到這一點。

不用手接，也行，用身體一樣畫個圈，引進使之落空，我捨著，然後發出。對方如果力大，無外乎我的身體動得再大一點，找省力之處。

## ●扯散對手

接手時，就掤勁在先。接手先破壞對方的架子，拉扯開來，破壞他的平衡，出一點意思，就把對方的勁扯開了，再打。扯開──返回──打。

## ●琢磨拳架

琢磨拳架，細研究每式的意思，合理之處，用法。

提手上式，接對方手時，肘是張著的，接到後，微收，成為肘窩朝天，骨節就對起來了，勁就貫穿到手上，

對方就頂不住了，再貼身擠。

白鶴亮翅，正是一化一打。

步法，二人一站，腳尖腳跟四個點，找對方的側，讓他成為一條線。

搭上手，只找他一隻手，他就彆扭。

雲手是進手，也是接手，可變高探馬，玉女穿梭等。

摟膝拗步是後手捶。

## ●琢磨內勁

接手，要（要，是指吃住、掌握對方的勁）上對方後，手向天指，腳發力，對方就無從化起。指天指地，指地要分情況，對方可以藉機撞進懷裡。

發勁時，先實丹田氣，先合，再發，開到對方身上，貼身時，鬆出去。

全體透空，自己的血肉骨胳都與天地相接，中間沒了，空了。自己是個發光發熱的球，光和熱是沒有方向的，四面八方發射，但不能過，過猶不及。你多厲害我不管，我只守好我身周的一尺之地。

思忖：煉己，知己，捨己；對練，知彼，從人。達到全體透空，物我兩忘，無形無象，天人合一，空無境界。

從人，全從了，挨打，不從也挨打。來多少，從多少，我的東西還在，不能沒有了。

接手，聽對方勁的大小方向，用合適的姿勢，把他的勁畫個圈返回去。

一抬手，我的勁源就放在身後遠處，天邊，掤勁出

手。前面手出多少，後面也出多少。

## ●接點不想點

接手不要去想這個點，那個點，你不用想了，神意與天接上，胳膊鬆著，手和腳似連非連，等發勁時才連上。發勁，摸到中，不要對中發，那樣容易頂，你比對方的功力大，那單說，要打中的旁邊。

側接，轉著接，接側，對方勁大，接側撥開他。

關鍵是意在先，你的神意先接到天邊，他就摸不得你。不佔先，怎麼辦？斷一下，再接，這個斷一下，是沒有外形的。

## ●手中小氣球

早上練拳，手心中有一團意氣，含著，發的時候，意氣射出，與天邊的神（也可說是原來放在天邊的那麼一點意思）相合。

今早五點半出去練拳，二個感覺。第一趟拳，是用後背盤拳，裡面是夾脊，時而是腰胯，有時是腰腿，手臂完全是隨著，並無勉強。第二趟，從起式，一團意氣熱乎乎的就在手心裡含著，十分自然。

週四晚上用這個和小阮推，他給我餵勁，我手掌挨著他的拳頭，把小氣球的意氣滲進去，拿住了，我微一側，一上，一離，他都不由自主彈跳而起。要保持和體會這種感覺，爭取在不餵勁的情況下，也能隨手而發達到這個效果。

散推時，我能很快聽到他的中，在他兩腳之間，靠上，在腰胯附近。我從他的中上面，走一弧線，放平出去，屢試不爽，無論什麼姿勢，均能找到中，基本都在兩個腳後跟之間連線的中點向上這一條線上。

### ●開合有道

問老師接手的事，為什麼我不能一接手就把人打出去，還要找一找中？老師說，你鬆得不夠，也不夠快。接手時，手上是柔的，但筋骨關節是合著的，一接就「當」一下放出去，開出去。這一說我明白多了。我是鬆著接手，可筋骨開著呢。等接了手再合，再發，就慢了，對方也調整了。

盤拳時把開合放在裡面，掤到定式，放一下，變挒是合著變的，定式一放，再合，到擠定勢，再放。時時有開合。

### ●氣球之用

氣如車輪，用氣圈發揮作用，平圈和立圈。氣圈組成大氣球，我用球皮揉手，球皮旋轉引化，球皮崩人，球皮的收縮與膨脹，形成彈簧力。每一轉，向後的一側是引化，向前的一側是攻擊，自身陰陽皆備，是個立體太極圖，用時是個平面太極圈，用這個圈上一點打人。

小氣球用法，接手用它找側，用它滲勁，找中。把它含在手心，等於將對方的中控制在我的手心裡。發勁，把含著的小球扔出去。

### ●向跤行的老師傅學習

在地壇和摔跤的馬加利老師推手，最重要的體會是，從接手開始，胳膊是怎麼放鬆的狀態，是在動中接，動中變，動中找先機的。在鬆中隨人家勁走，起變化，四條胳膊就像四個圓環套在一起，旋轉不停。哪個一僵，這個環就成了直線，就要折了。

接手，意氣再怎麼含著，如果直直的接，也是中碰中，要動中接，變中接，接到也還在變，如果停，就已經控制了對方，他跑不了才停。否則就一直變化，找中、找點。這麼接手，肩才是活的。

### ●事到臨頭須放膽

上次和某人推手，他勁大，也合著，直奔我的中來，我接他手，就接了他的勁，混合了，就錯了。再起變化就慢了，也費勁，還要去變方向，走弧線，他已經用中隨我的變化來變，是兩股勁絞在一起，再爭先機，這個先機早沒了。應該這樣接，不管他有沒有勁，轉著接側，就可以直接打他的中了，先機就一直在我手上。不管他的勁，這一點很重要。要敢於不管他的勁。

### ●盤拳內感

這一天盤拳，手臂上好像纏上了一層霧氣，可以體會到空氣的重量，氣的流動。

又過幾天，盤拳時胸腹內感覺有個熱氣球，不時還往

後背滲透，隨著招式動作還有一股一股的熱流游走串動，胳膊則有纏上蜘蛛網的感覺。

## ●指中不打中

揉手時，摸到中，不打中，要打中的旁邊。因為如果對方力大，我接手後再去化他的力，實際上是頂著力，雖然摸到中，但對中發力，就打不動，犯頂。應該扶著他的勁走，打虛不打實，打中的側邊。

## ●聽勁要真

接手，揉手，雙方都不出真力，互相引逗，尋找對方的滯點，或用意氣進攻，問一下，逼迫對方精神緊張，出現滯點，露出中，此時，我神意氣一合，向外膨脹，順接觸點溯源而上，使他失去平衡。如對方力大，我用捋挒採等，還是膨脹的，方向變了。

總之，我平衡，讓你不平衡。雙臂只起了一個橋樑作用，腰腿上的勁才是決定成敗的。手臂即使處於劣勢，只要我身上還是鬆的，就不算失勢，要聽到對方腰和手合不合，他合的一剎那，就是我合，我變方向的時機。

## ●懂　勁

這個懂勁是不那麼好解釋的，不好下定義。

二人搭上手，你能感知到什麼？你能不能感知到自己的意氣到了對方的什麼地方了？能不能控制對方？你時時能做到，就懂勁了，不單懂自己的，還懂了對方的。

和老師搭手，讓我攻，他問我，到我哪了，我說右腳跟。他又變動，我意氣隨著，他又問，到哪兒了，我說左腳跟。他說，對呀，要有這個感知。說著他一動，這個勁翻回來了，我趕緊一放平，這個勁就沒翻過來，又回到他的身後。他說，對。就是先問這一下，問一下對方的反應、滯點，有了反應，然後走個弧線。

我說，問到滯點直接發這個點，就不對了，就會頂。他說，是呀，汪老說走杏核，棗核，就是這個意思，不能直接打，要走圈，他就頂不了你。也可以說是畫個6字，打個對勾，都一個意思。我說，是不是就是所謂的半圈打人。分析時是一二三，一是先滲勁感知，拿住對方滯點，二是變點變線，三是放勁，應用時就是一個。

練拳有知己之功，知彼之功。不單知道自己的勁，意氣，還要知道對方的勁，意氣。人不知我，我獨知人，這個高了。你要聽不出來對方，那就別動手了，汪老說有三不打，這就是**一個**。

沒有這個感知，學多少招術都用不了。有形有象的是招，無形無象的是術。從站樁盤拳開始，都是知己，體會自己的內外三合，形整不整，神意氣對不對，這是站樁的作用。

站樁不能站死樁，老師一直不強調站樁，甚至反對站樁，就是怕一站就成了死樁，站成入地三尺，穩是穩了，但沒了太極拳的意思。站不好把腿站壞了。太極的樁應該如腳踩荷葉一樣，是漂在地面上的。又如風擺楊柳，有動中之靜，也有靜中之動。

　　盤拳就恰如活樁。這個時間長了就有了體會，盤拳和站樁是一而二，二而一的關係。站樁、盤拳要身體鬆靜，心靈潔淨，對天地誠敬，精神與天地相往來，久而久之，養成習慣，與天地融為一體。在這個狀態下揉手，對方的力量就加不到我身上。怎麼做到，汪老說過，周身放鬆，全體透空。每個細胞都放鬆了，不是單純向下才是鬆，向上，向左右，四面八方都是鬆。

　　十三勢是招，滾錯折磨是招，點斷拍是招，彈簧勁，螺旋勁是招，接力不過腕，發勁一貫串，長三關豎三關，大小氣球也是招，但這個招和術是分不開的。是真正的招中有術，招術結合。盤拳練知己之功，動作是招，神意氣是術。揉手中進一步把招和術在對抗中結合，勁就是招術結合的產物。練知彼，但最終還是歸到知己。由感知對方的勁，更加明瞭自己的勁，都明白了，就懂勁了。之後的用，就好像數學做應用題，前面學的都是概念、原理、公式、方法，現在做題了，就不能死摳公式，而是順著題意、思路走，解到哪一步，什麼公式合適就用什麼。公式正確不是目的，它只是工具，解題才是目的。

　　老師說，太極拳的發勁，細說起來挺多，什麼柔中寓剛的勁，彈簧勁，都是不同的側面，不同的表現。要是純粹地說，太極勁就像是燈光一樣。燈光不是手電筒，向一個方向照，它是四面八方，沒有方向又是充滿所有方向的，是個向四周放射性的勁。你伸手來擋這個光，是擋不住的，光從你手的四周又繞過去。回到拳上，你出勁只能是一個點，我不是伸手擋你這個點，而是繞過這個點，就

這個點不吃勁，從這個點的周邊，膨脹、放射，因為它沒有方向，所以你沒法去化。

我能想像的太極拳高功夫，就是無形無象，全體透空，又如汪老所說的用想像力打人。不知還有沒有更高的，光這個已經是遙不可及了。

●悟 性————————————————————

到汪仲明師爺家彙報工作上的事，事畢請教學習太極拳的系統階段問題。汪師爺說，老輩兒不那麼分，主要看你功夫到沒到，到了你就明白了。不到怎麼說你也明白不了。不是系統的，主要看你的悟性。

我說，這有點像佛家的頓悟，從各個側面點你，契合了，功夫到了，就悟了。好像教授教大學課程，小學生聽不懂，只能明白小學水準的東西，中學生只懂中學水準的，大學生能聽明白一些了，只有超過大學生水準的才能真明白。所謂見與師齊，減師半德，見過於師，方堪傳授。一個老師教出來的學生都不一樣。

汪師爺又說，老爺子（指汪公永泉）當初教那哥兒五個（指五大弟子），總說這也不對，那也不對，後來又說，等回頭功夫到了，那就全對了。太極拳就這麼不講理。還說，老爺子今天教這個，明天又教那個，不是系統地按一二三四的教。老爺子說，別今天教的這個，覺得不錯，有用，就死抱著這個不放。下回教別的，就學不好了，會了就行了。

我說，這個有點像《金剛經》裡釋伽牟尼佛所說，

「我所說法，如筏喻者，法尚應舍，何況非法。」

## ●太極拳練什麼？

汪師爺問我，太極拳最終練的是什麼？核心是什麼？

我說，我的體會，是感知能力。什麼感知，是思想、意念、心在感知。感知了，再能控制自己和對方的心、意，應用這種感知達到用心意發勁，最終表現為神意氣的技擊作用是太極的核心。

再進一步，感知的是什麼？人身體有一個生物場，這個是和神意氣相聯的，感知的是這個，用的是這個，打的也是這個。打了這個場，它就能影響到本體的神意氣乃至身體，從而達到技擊效果。

師爺說，各人的理解各有不同，核心是相近的。你說的這個場，我和別人講，一般都說是氣場。隔幾米遠，人家從背後瞪你一眼，你都能知道，這才是功夫。

## ●神意氣化合

我問汪師爺：「我現在盤拳揉手就想著無形無象，全體透空，對方來力，挨哪兒，哪兒就空，我從別處漲過去。汪公書上說，大氣球崩人，是不是對方力打到氣球上，我不用這個點反擊，而是這個點收縮，氣球別處都膨脹起來，包圍對方，讓他自己彈出去，而不是我用氣球的收縮膨脹直接彈擊他。」

師爺說：「這個理解對。」

師爺又說：「你說的這個全體透空，我說個老爺子的

話。他有時說，用集中勁發人，有時又說這個不是神意氣的集中，是神意氣的化合，你好好體會體會，和全體透空，大氣球結合起來體會。」

我說：「直接彈，這個是集中勁。不在這個點上用，通過神意氣向四周散、漲，是個說不清的混混沌沌的東西，把對方包起來，讓他自己失重，自己調整，自己彈出去，這裡面有化勁，有神意氣的合，還不是直接的、物理性質的合，又有神意氣的散，有點化學反應產生新物質、新勁力那麼個意思吧。」

師爺說：「你可以這麼理解，還有老爺子說，在你彈出去之前，我讓你心裡有那麼一個緊，你要體會這個。」

## ●腳　圈

注意腳下這個圈，貼著地面向外發散，與身上膨脹的氣球氣圈是一樣的，相呼應的。上達天下達地。接手時就帶著這個圈，一挨就要了對方，如果他沒聽出來，或者起了僵勁，我就走個弧線擊發，不要在原地發，會頂，所謂拿起來打。這個弧線不要表現出來，不讓他聽出來。他知道的時候已畫完了，發出來了。

## ●鬆與緊

發勁時，從無到有，從鬆到緊，要脆。身上五張弓，隨便哪一張都可以使。不要太起意，意重了自己就緊了。越鬆發得越脆。

一邊聽著師父說鬆緊的事，一邊和師弟老李試手，我

很隨意的一伸手指發勁，他就蹦出去了，這個就特別脆。後來自己特意找這個感覺做，反而效果不好，他能體會出來我發勁的不同，後來的幾下是把他推出去的，不是彈出去的。

## ●感　知

老師一再強調，要練感知，用後邊的感知。我邊和老師揉手，邊去體會他說的，自我感覺後腦勺玉枕處有反應，好像是從那裡出的感知。道書上說，印堂到玉枕之間是藏神之所，不知有無聯繫。

這幾天盤拳時，背後好像有個小人在盤拳，前面我的身體只是他的木偶。這個感覺似乎從玉枕到尾閭這條中線上，從督脈上下貫穿，在指揮我身體的運動，神意似乎也在那裡面，尤其是玉枕處。

看，我又有點死板了，用後面就一定要找到用哪個位置嗎？非得是玉枕或者是後腰，其實沒這必要，知道是後面在練拳，在感知，在出東西就行了。都說無形無象了，我還非找個形象，這是自尋煩惱。無形無象，全體透空，前面空了，後面才有。

太極的核心是太極生兩儀，陰陽變化莫測。前為陰背為陽。同時前面實的是陽，後面虛的就是陰。前面的陽不用力，虛的，被動的，聽後面的，就是陽中陰。後面虛的卻在指揮前面運動，在用神意，主動，是陰中陽。體會陰陽變化，永遠沒有不變的陰陽，沒有死板的陰陽，陰陽全是活的，不能單看一點，要聯繫整體，全面的看。無形無

象，全體透空，就是給神意感知陰陽騰地方，不能讓身體阻礙了神意氣的運轉。讓複雜的現象精練為純粹的陰陽，每一處都有每一處的陰陽，虛實。怎麼來把握陰陽呢？神意就是電腦，肢體是感測器，感知能力就是軟體，軟體要不斷升級，由聽勁，到懂勁，到階及神明。

《黃帝內經》中提到四等聖賢。

第一等的是：上古有真人者，提挈天地，把握陰陽，呼吸精氣，獨立守神，肌肉若一，故能壽敝天地，無有終時，此其道生。

第二等的是：中古之時，有至人者，淳德全道，和於陰陽，調於四時，去世離俗，積精全神，遊行天地之間，視聽八達之外，此蓋益其壽命而強者也，亦歸於真人。

第三等的是：其次有聖人者，處天地之和，從人風之理，適嗜欲於世俗之間，無恚嗔之心，行不欲離於世，被服章，舉不欲觀於俗，外不勞形於事，內無思想之患，以恬愉為務，以自得為功，形體不敝，精神不散，亦可以百數。

最後的是：其次有賢人者，法則天地，象似日月，辯列星辰，逆從陰陽，分別四時，將從上古合同於道，亦可使益壽而有極時。

這就是我們學習的榜樣。

## ●功夫全憑能借力

功夫全憑能借力，我就不去頂。接手，要側接，我怎麼著都不讓我的中對著你，上下左右都是側接，除了正

頂，別的方向都是側。不單是手側，我全身都是側的。

　　用身形左右化是不對的，對方攻，用不著躲，扶他的胳膊，往邊上想就行了。用我的打來化對方的攻，進攻就是最好的防守，相互找陰陽變化。

### ●盤拳內感

　　早上盤拳時，剛一起勢，突然心生喜樂，眼角發酸，似要流淚，保持這個狀態盤拳下去，自覺身體綿軟。盤到第四路，感覺手似乎都融化了，幾乎感覺不到手的存在。收式後，那個舒適感充滿全身。

### ●虛靈頂勁之用

　　周日在地壇與他人揉手。用擎勁，先虛靈頂勁，搭手滲勁，拿住了對方，再一次虛靈頂勁，手勢也向上虛抓，將對方擎起，腳跟離地。

### ●犁　地

　　和人家搭上手，輕扶對方手臂，意想對方腳跟，連成一體，意貼地面，或是入地，向前平著發出，如農家用鐵犁犁地一樣。不是用手壓人家手臂，壓到腳跟去發，那樣對方可以是可以反抗的，這個不好抗。

### ●難道是入魔？

　　最近無論是盤拳，還是一想拳裡的東西，小腹都有熱流從上至下，流入丹田，手臂也有熱流，充斥到手上。盤

拳也不時有熱流脹滿的感覺。

還有好幾次，只要一想拳，一盤拳，就從心底往外冒文字、冒想法，完全是自己的感覺，看拳經拳譜就不自覺地用自己的東西來印證，有的對得上，有的還達不到，想停都停不下來。

● 要養氣

週六到月壇，自己盤拳時，氣感很強，帶著氣打拳，覺得是丹田，手臂、腿上的氣帶著身體走拳架，打到第四路，氣感弱了，五六路的感覺就不明顯了。這是怎麼回事？盤拳是行氣，這是耗氣了，要養。過了二天，氣感才漸漸恢復，丹田熱感又回來了。

● 盤拳內感

早上盤拳，注意後背，腰，尾閭鬆垂，盤到後半截，出現了彷彿在和人推手的感覺，全身像個球，在滾動，旋轉著盤出各種動作，定式膨脹，球是向外脹的，下面是一個點支著。

今天丹田的熱感又增強了，靜下心來能感覺到呼吸，可以達到腳趾尖。

● 丹田內動

走化發放，皆由丹田發動，非是手臂之動。搭手，似有似無，我鬆沉，沉到腳下，丹田向後虛合，體會對方的勁。他一手微實，我不能頂，不能撤，要有讓他進來的

意，他進讓他進，把他的勁吃下去，丹田旋轉帶動腳下陰陽變化。正是所謂「他強任他強，清風撫山崗，他橫由他橫，明月照大江」。正是引進落空，關鍵在聽得準。引進得快和慢都不好，要隨他去，我的胳膊不要了，當吃了他的勁到一定地步，感覺他的實到了盡頭，沒有變化了，我另一手，或另一點，肘肩或別的部位都可以，向他虛處一點，不必推揉，只一點，必彈跳而出。功夫在沾黏連隨上。

要用腰化，一邊走化，一邊填實，前面的手接對方手，不動，是後面的腰動。也是全身動，右邊向後轉，左邊就要向前轉，找他的虛點，滲勁過去。肩圈要落在腰胯圈上。

## ●拳內功夫拳外找

與某教鋼琴的朋友見面，說到培訓，他說他教小孩子鋼琴，對坐姿的要求是：「像拎小兔子的脖領子。」很形象，小朋友們都喜歡，也容易做到。這不就是虛靈頂勁嘛。手腕放鬆自然下落彈琴鍵，正是鼓腕，鬆肩鬆肘。藝術是相通的。不然鋼琴家們在演奏會上彈上幾小時，還不把人累死，手腕要得腱鞘炎的。

他問小朋友：「彈鋼琴和吃飯哪個容易？」小孩子們都樂了，當然是吃飯容易。那可不一定，外國人吃飯用不了我們中國的筷子，看著一桌子好吃的，夾不上來，為什麼？手上使勁，不自然。我們從小就練習這個，就沒問題。所以不能怕難。

什麼是專業？熟能生巧。每個人都幹過家務，極少有

人釘釘子不被錘子砸手的，為什麼？越用力，越容易受傷。專業的裝修隊，要是每天都砸到手，手早爛了。熟了，放鬆了，就巧了。過去有老北京給人家刷房子的，穿一身皂衣皂鞋，幹完活，地上乾淨，身上不沾一個白點，黑衣白屋，那叫專業，那叫藝術。

太極拳也是門藝術，走的是巧妙。

## ●顧名思義

某次在地壇和師父搭手時，我想像自己名字之意，像大海一樣鬆，沉甸甸，無邊無際。呵呵，這樣狀態出來的鬆散漲，效果就很好。讀的拳訣多了反而會束縛於拳訣，盡信書不如無書。

## ●太極劍

寫《汪永泉傳楊式太極拳心法探秘》一書時，請汪公弟子劉金印先生審閱。中午在外面請劉老吃飯，期間我問到太極劍的問題。劉老從餐桌上拿起一根筷子跟我比畫，說劍的方法。劍用三寸，刀在七寸。用劍要全身放鬆，中在手心裡，手也要放鬆，不鬆就出不來東西。

我和劉老試了一下，我倆坐對桌，他捏筷子一頭當劍，我捏筷子另一頭兒，他筷子尖一動，就打到我的中上，把我從椅子上挑起來了。這個挺有意思。讓我試試，全身放鬆，要像盤拳一樣的感覺，可是心裡不鬆，太想出劍了，勁過不去。

再試，都放下來，手也鬆著擱桌子上，全身什麼都沒

有了，人沒了，手沒了，桌子也沒了，只有這把劍懸在半空，劍尖一翹，向他那邊一想，一點勁兒不使，這下勁就過去了，打到他的中上，也能把他挑起來。好！

今天的收穫很大，尤其是幾次試手。劉老八十多了，身上沒有力量了，但那太極勁很純正。發勁是向外彌散著發的，不是集中，也就是神意氣的化合，用手用劍都一樣。

> 2014 年

### ●天人合一

在地壇和師父聊拳，說到打坐心法，即是天地人合一。不必管丹田、氣脈，就是心與天地相融，心即是天地。我體會，打坐這樣，站樁、打拳、揉手都應該如此。平時行住坐臥也這樣，才是觸摸以武入道的門檻。

揉手時候，也別用身體，不用動作，心向外鬆，向外散，散成我就是天地。

心意就像一團氣，包裹對方，自己與天地合一，對方自然一碰我就站不住。對方出了硬手，我隨之向外一鬆，一通，把勁放出去。散是散到自身空無的狀態。

某天讀書時，忽然心中有所感觸，有種觸摸天人合一的感覺，於是放下書，起來站樁。體會自己與天地的相融，上天入地，體內自然生起氣感，熱流以丹田為中心，流轉，升騰。

無極樁、渾元樁對體會人天合一的感覺特別明顯。通背拳中的太極樁，雖然向下的熱感很強，但人天合一的感

覺要差些。這也許是當初不同的姿勢與心法，產生不同的效果，外形對內裡也是有影響的。

　　用這個和師弟老孔試手，我的眼神往遠處一看，帶了氣球彌漫的意，他就說受不了，站不住了。我再站好，帶著人天合一的意，意氣散出，他伸出手來卻不和我搭上，說，不知道該怎麼動，覺得一摸我手，自己就會倒。

## ●虛靈頂勁

　　虛靈頂勁，可以統御整個拳法。

　　**虛**。是鬆，是空，是筋骨肉皮毛都鬆。此鬆不可完全向下，向下的部份可以為沉，還有向四周、向上的意思。「外挺拔，內虛靈」，內裡不著力，空空蕩蕩，相互之間既獨立又有關聯。虛中有無，無中有虛，不是全然沒有。虛中有靜，靜中有動，是為靈。此虛不是在體內，要向四面八方擴散，彌於六合，靈也要跟著。

　　**靈**。在虛無中，鬆空中，體會出靜中寓動，動中猶靜，超越身體，彌之於外。極微極細之動靜，都了然於心，心雖了然，不加妄動。如鏡中花，知其隨風搖曳。如水中月，知其明亮皎潔。萬物皆動，我心悉知，不為所動。

　　**頂**。此為意，非用力，於虛、靈之中，我的意上頂天、下立地，前後左右達於天邊。下立地，不是腳入地，是以一點支地，借地之力。上頂天，非實頂，是意無限放大，如盤古開天，如金甲巨人，巍巍然如崑崙，是為挺拔。

勁。勁不在體內，不是專諸一方。以心意為統帥，彌散於六合。六合者，上下前後左右。上達天，下通地，散於四圍。如一虛無的氣球，充塞於四維上下虛空。如暗室點燈，光明徹照，無處不達，若遇物體阻擋，此光也可將其包圍。

是為虛靈頂勁之我見。

虛靈頂勁，雖是分開說，但要同時做到，是一個。

## ●拿 勁

去地壇和師父摸手，說拿勁。

意在腳跟然後再變到意在腳尖，全在心意轉換，手上不要有動作，勾一下手指都不行，就是蹭著皮兒的那個地方有一點點的變化。拿人全在這裡，拿了之後不要攻人，控制了就行了，對方出勁自然會被彈回。拿不了人，就發不了。

我和師父試，師父就能聽出我的勁兒拿得有點粗，動量大了，被他知道了，我小手指微動了一下，他都知道。我用這個拿來北京學拳的趙姐，她就聽不到，一沾手就被我拿住。她試著拿我，她只要一動，我就聽到了，就明白師父說我的話，什麼叫活兒做的粗了。

## ●沾衣欲濕杏花雨

練完拳，休息的時候，腦子裡還處在拳的狀態中，突然蹦出一句：沾衣欲濕杏花雨。此沾字，很合二人接手之意，輕盈。欲濕，雨沾上身卻還沒濕的那個火候。

## ●以神打神？

週六在月壇和師弟老孔試手。他手剛一伸，我手往上一迎，將要接觸時，我往回一引。他自己說，彷彿神識被我引出去了，身上猛地一僵，意識似乎那一剎那沒了。這算是以神意打神意嗎？

## ●鬆 胯

盤拳中忽然想到，肩是手臂的根，胯是腿的根，應該像運動肩一樣去運動胯。手臂運動，是手指方向，肩催肘動，以夾脊為後援。腿上就應該是以腳指方向，胯催膝動，以尾閭為後援。腰是全身的樞紐，上通夾脊，掛兩肩，下通尾閭，掛兩胯，上下同軸，催動全身運動。鬆肩鬆胯應該是同一感覺。

盤拳不管上半身，只注意下半身，以胯催膝催腳，和上面的肩肘手形成對應，也的確是對應的。胯鬆下來，用尾閭催胯，發勁於腳，腰統管全身。腰的統管是由夾脊和尾閭實現的。這算是單練胯的架子吧，只用腰胯盤拳。

胯以下靈活，身形就活。體現丹田貼命門，此一小球主導全身。胯一鬆，腳下便發虛。

體會胯以下的鬆，是一種彌漫的，如霧氣舒散的感覺，從丹田向下，像泡在水裡，意氣呈發散狀態，散向四周。腿和腳上有氣行的感覺。要注意呼吸的緩慢深長。不止一本書上說，呼吸越緩慢，壽命就越長。平時稍有起心動念，隨呼吸手腳就有熱感發生，流動，手上更明顯。全

身以丹田為中心，有收縮膨脹之意，熱感一脹一脹的。

下午盤拳，忽然想到肩圈的邊兒在手，那麼胯圈的邊兒不就是在腳上嘛，它不是一個平圈。這麼一想，胯圈往腳上一落，立感胯鬆沉下去。

## ●只化勁不讓手

看過一段話有感觸。「不偏不倚很重要，與人動手要如立身於天地之間，決不能和敵產生頂或依靠及相互支撐的狀態。就是敵人忽然消失我依然穩立於天地之間。與敵動手時也不讓，太極只化不讓，若讓時就有凹陷處，要始終讓敵人覺得神氣若千鈞欲發，觸之若無物心驚膽戰。」

我的體會是，只化不讓。對方來力，我要從他來力的周邊想辦法，用圓的思維，球的意氣，去包圍他，溶解消化他的力量。向雙方除了正頂和正順之外的其他角度，發出我的意氣，讓他的力觸到我的意氣產生反應。有反應，他就會追著我的意氣走，自然就化了。同時，我的意氣是把他作為一個整體，是進攻的，不是躲閃，我意氣的方向目標是他的中。他隨我走，最後會合到他的中上，等於幫我打了他自己。如果他不追我，還堅持攻我的中，那是因為我的意氣小，不足以影響他，要加大意氣的投入。我的意氣是後源發出的，由手指出方向，彌散而出，不可與後源，與中連上。

除了加大意氣，還有利用槓桿原理，改變角度，對方來力越大，我的意氣角度要越大，由銳角向鈍角變化。只要他一跟我走，我就可以把化變成打。

## ●身體的蠕動

行拳要找到身體的蠕動。手腳輕靈但用的是根節力量，別人碰上才吃不消。盤拳只是輕輕地動，發勁，不論招式，都是身體的開合。

近些日子練拳，體會到腰和胯的放鬆又上了個臺階。腰胯分開了，此處的肌肉也得到了鍛鍊。

盤拳要身體蹭著勁盤，揉手也要蹭著對方勁，悠然自得，輕輕的，勁含在身體裡面。

## ●幾點小技巧

聽到實點打虛點，但實點不能丟，要沾著，頂著點兒。虛點連上腳，往對方身上出勁，實點也要向同一點出勁，二個點配合，這個也不一定是手。汪老也講過，一手發人，一手幫點忙。

**螺旋**：發對方時，不可直發，單純繞弧線也不好。走棗核、杏核是一種，不如直接發螺旋勁。汪公講的用扇面去找對方的中之側，手指張開，手心中小球轉著發，轉的圈不要大，小半個圈就行，大了對方也能追上。即使頂上，手心小球轉這一小下，也可以發。

**找胳膊**：推手裡要有方法，直推是不行的，太單一了，也沒威脅。可以先找他的胳膊，如用雲手的動作，即可千變萬化。二人搭手，必有一長一短，沒有的話，我也要引逗他出一個長的胳膊。我給了一點勁，蹭他一下，他就會有反應，就會出手抵抗或反擊，等他的胳膊往我身上

一出，我一手引之使長，另一手走雲手上挑他的肘關節，把他向側方捌去，有捋捌採之意。如他屈肘我挑不成，可先用擠，他的注意力被我的擠吸引，胳膊就空了，我再挑即可。

**盤拳：**從起式開始體會，一吸氣，外面氣入丹田，全身筋骨外撐，一呼氣，氣沉丹田，筋骨鬆沉回收，意向四周充斥成球。微一翻腕，將充斥於外的氣球收回手上，手捧意球，起。定式呼氣，意球放射出去，隨即收回體內。放則彌之六合，收則退藏於密。可以用這兩句來形容意氣的運用。平時行住坐臥，稍加留意，都能體會到一呼一吸出入於丹田。

揉手練習時不要過於主動，要捨己從人，手上不動，身上的東西要出去，還不能斷。斷了說明鬆得不夠，不圓融。身上總要有個東西，向四面八方放射，摸我哪兒都不行。

走路時虛靈頂勁，氣沉丹田，肩腰合住不亂動。只以胯催膝腿邁步，如競走運動，但不加扭腰動作。

以小臂為劍，用骨頭打人，一旋一轉。練至周身皆是劍，刺，切，削，抹。

●觸點成圓────────────────

早上練拳體會觸點成圓。觸點是十字交叉的中心，要用四個梢走成圓去化去打。另外，化觸點的力時，必須走圓，勁小走小圓，勁大走大圓，走身法。把觸點當成萬向軸，十字中心，十字四條邊圍繞中心翻轉。

以接觸點為圓心,形成圓圈或圓球,圓心小動,圓周走弧,走圓的邊兒。圓心不能僵死了不動,要隨大圈之動而小動,圓周可大可小。圓心不較勁兒,從圓的邊兒上出勁,向對方身上或虛處。

另外,二人搭手,形成太極圖,我把對方看成陰魚陽眼,陽眼就是實的觸點,我走陰陽之間的S線。

觸點自己成圓,成球,不要別處配合,自己在敵方接觸時旋轉反擊,此處類似微小的滾錯折磨。

以上還有公轉自轉的意思,觸點自己轉是自轉,圓周是公轉。

## ●孤陽不生

把對方看成孤陽。對方出手,我就把他當成實點,陽的,不管他出真勁還是假勁,是虛是實,我都當成是實的。除了他這個人是實的,他周圍一切方向,空間都是虛的。我和他搭上手,卻不攻實點,他怎麼出勁我都不硬接,也不脫離,我向除他本身之外的虛空出勁,沒脫離的那個點自然帶著他,他的中自在其中。就把他打了。

## ●沾 手

週六在月壇給老蔣講高探馬,無意中左手出來一個沾勁,他伸手接了我的左手背,整個人被帶著走起來。今天和老孔練習這個沾。接手先給對方一個力,他一出反應,我的意氣回收,手臂自然隨著他的反應力走,就把他沾起來了,他還撤不了手,跟著走舒服,撤手反而難受。

這個手接上後，手上的勁不能添，不能減，保持剛接時的力道，讓對方覺不出變化，我用腰變化，用腰往回吸，對方的手就不得不追我的手。另外，接手時要先吞進對方，效果更好。不接實，尤其好，讓對方心裡一直難受，手上還追我的手。

再高級一些的沾，不用非得先出一點勁，直接就用神意沾，一沾就走，手上不動，是中在動，如果手上先使了一點勁，是要馬上鬆開，就發勁。

## ●無形無象

體會到走路、坐車、躺著，都可以是站樁。走路可以忘卻虛靈頂勁了，站樁把自己站沒了，都是一個。從站樁講，就是把自己站沒了，走沒了，坐沒了，躺沒了，無我，身上發虛，飄乎乎的。以此類推，樁、聽勁都是這樣，盤拳，練單式也這樣，時時都在這個狀態中，這就超越了「這有個球，那有個意」的層次。

「有物先天地，無形本寂寥。能為萬物主，不逐四時凋。」

——傅大士

## ●海與風的聯想

這幾天在揉手中有了一個感覺。氣球擴散出去，自己就像是大海。對方如果鬆得好，就如同大海中的一葉小舟，隨波逐流，相互和諧。如果鬆得不好，就是一塊礁石，海浪就可以隨意拍擊。

記得在南懷瑾《如何修證佛法》一書中，寫一菩薩以水修煉，小弟子貪玩，師父入定滿屋皆化為水，他扔了一塊瓦片進去，師父出定後便感覺裡面不適，問了弟子後，又入定，讓小弟子入內取出。這個狀態是有一點異動，不和諧的東西，自己就知道了。要找這個狀態。

再如氣球彌散用風來比喻。雲是隨風而動的，儀態萬千，若是一棵小樹，偏要在風中出一個硬勁，便會被大風摧折。這風並非單為摧折此樹而動，風只是動，順之則無恙，逆之則破。氣球散出去，動起來當如無處不在的風，遇硬則摧之，但又不是專為某物而動。

## ●平圓立圓

晚上站椿，不自覺地原地盤起拳，從拳中體會平圓立圓，雙環一套十字生，十字上下左右全是圓，都是平、立圓的變形。盤到一半，忽然發現許多動作都是走的半圓，轉折處是發勁的點。走整圓也可以，勁也是如絲般纏繞在身上。可以盤整圓，也可以半圓，乾三連坤六斷，整套拳如亂環相接，無窮無盡。

## ●不接勁

月壇，與人高馬大的人交手，搶他下盤，腰以下，讓他往下搆（指讓對方的手向下去找我的手）。摸他腰，摸膝關節，向他的實腿一側發勁。對付力大的，要在先。他出手，我退一下，引進不要接實，馬上發勁。退的那一步，腳一沾地馬上就發勁。

還有，二人轉起來，在對方動步，還沒落地之時發勁，搶在他的勁前面。對方來直的，我直著接不行，不要讓他的勁和我接上，一扶就走橫的，向側方翻他。立圓改平圓、斜圓。立圓接平圓打，平圓接立圓打。立圓也分前後立圓和左右立圓。

要琢磨如何才能不接對方的勁。對方勁小，我用自己的勁承接還可以變化。對方勁大，我接勁後影響到我的身體，就變化不靈了。所以不能接到我身上，彼此之力不混合，讓對方的勁在我的手外面，最多化勁到肘，不要讓它到肩。肩化就費勁了。

## ●拜訪前輩

這二天陪永泉太極拳研究會新會長，汪公永泉的弟子盧志明教授去日壇、天通苑、紫竹院等走訪孫德明師爺和陳耀庭、蕭維佳、張國健、王穎等幾位老師的拳場，期間聽這些前輩、老師們談拳，總能得到些收益。

盧會長特別強調了揉手的規矩，手不離肘，肘不離手，一旦一方離手，對方就可以伸手打他了。

有了太極勁，才有後面的修煉，悟後起修，沒有這個之前的修煉都是走彎路。

## ●一足支地

晚上站提手上勢。時間一長，身上有個感覺，一足支地，支撐力返上來到手上，似乎方向可以自由變化，勁可以到任意一個關節部位。能體會到腰是個軸心，是萬向

軸。腳上來的勁，通過腰，可以向任何方向，由任何一個部位發出。再站，手臂消失了，單足支撐著一根豎軸，這根軸上至百會，下至尾閭，尾閭處好像一個倒置的拐杖，小鈎向前彎曲，抱著丹田，整個小腹一片溫熱。不過軸心處的感覺還稍有些模糊。這個勢子今天算是站出點感覺，身上活了，圓活。雙足平行的渾元樁沒有這種感覺。

## ●有和無

去地壇和師父試手。他講要以無對敵，無中生有。不要上來就把有都擺出來，在無中體察到對方的有，就要堅決地進攻。如果雙方都以無為來對待，就如汪公所說，一方要問問勁，給點甜頭。自己的無，主要在於鬆。

不能一味地無，也不能一味地有。總以能借對方力為妙。

二人接手，就形成觸點，不能把這幾個點看成力點，要看成支點。我的目標不是支點，是支點後面對方的中。所以要在無中，善於利用對方支點，用我的合，通過支點，去擊發對方支點後面的中。對方不給我支點，我可以主動創造，主動遞一個支點過去，他接了，我就可以撬動他的中。如果他不接，我要用長勁，追著他，強迫他來接這個支點。有了支點，三百六十度處處可以打。切記汪公說的，手是為神意氣指路子的。支點不過是這路子上的一個十字路口，一個搬道岔而已。

難在於「有、無」的變化。

一般來說，接手，主要問題不在於「無」，在於

「有」太過，應該是若有若無，若即若離，這個分寸的把握較難。

對方吃到我身上，我不能用身體、外形的扭動去化解，要斷開他的勁，反擊。把對方放到我身上的點，作為支點，從其他方向返回去攻擊他，不能在點上與他爭。要變換，不能一味順他的方向。

接手後，重心放前面，後足支地，前腳可以隨意改變方向，這樣勁的方向是隨對方來勁而變，不可退縮。

一接，身形上要吃住對方，腰背弓起，命門凸出，前腳有向前踏的意思。上下要相隨，不相隨就打不了人。

2015 年

滾錯折磨卷，球圓轉擀纏

這十個字是當年高師爺所傳，王福榮師叔做的筆記。

朱春煊師叔參加我們這一支新徒弟的拜師儀式，又講「接手分清敵和我，彼此之力不混合」，我借這次機會認真摸他的手。

第一下，剛一摸上，他的手就像滾珠一樣，在我手周圍旋轉，根本摸不上。

第二下，他讓我抓住他的手腕，說使勁，問我，你摸上了嗎？我覺得真沒有，感覺抓不實。他的胳膊像是虛的，他一點勁沒使。這是心裡真沒把對方當回事兒，真不和對方產生混合才能有的感覺。怎麼不混合？他說那方法就多了，滾錯折磨都是方法。

這之後幾天，腦子裡總出現和朱師叔摸手的感覺，以前也摸過，那個時候聽不懂，這次感觸很深。

以前對「接手分清敵和我，彼此之力不混合」理解還是有偏差，過去體會是你打你的，我打我的，現在想來太粗了，那是二個勁兒碰到一起，我不管你勁的方向，只管自己勁的方向，以此來破對方的勁，這樣兩個勁還是不可避免地有碰撞。

這次體會，是根本不讓我的身體與你的勁產生聯繫，你的是你的，聽清楚了，我的在你的勁周圍，全是點，我的手雖然挨著你，但不讓你聯繫上我，完全無視你。我從周邊去聯繫你，我去混合你。我來找我，我不理你。但我從別處去主動找你，你被我聯繫上了，就被我混合了。

這個不是肢體上的動，是心裡聽勁明白，手上極輕才能做到。有點像上次劉金印先生和我試劍的勁，非得自己一無所有，對方的勁才能在我的劍上體現出來，我是一潭清水，一片羽毛落上我也知道。全在自己的一無所有，乾乾淨淨。

我抓朱師叔手腕那一下，和師父講的，二人搭手，本來是有的，突然沒有了的那一下感覺相似。我自己試著體會，肩一下子鬆沒了，更別提手腕了，自己的手沒了，就只有對方的手還在那兒。他再輕也比我這個什麼都沒有要重一點，就可以打這一點。

朱師叔說，如果對方什麼都沒有，怎麼辦，可以主動問一下，給一點，就是汪公說的給點甜頭兒，高占魁師爺說的刺一下。

沾著對方，還要讓對方的勁落空，實點之外，所有空間都是虛，我都可以去。全在自己的一無所有，敢於放下。放下執著，手就自由了，這個是思想意識的轉變。

對方的勁過來，抓到我的手臂，我要飄飄蕩蕩似水流，順勢而動。水往低處流，手往虛處動，接觸那個點是個珠子，是軸心，軸心實，周圍都是虛的。

## ●無為為本

無為為本，次一等是空、虛。再次一等是輕靈，再次一等是陰不離陽，陽不離陰，陰陽相濟。餘者不論。

心與天相合，把心放到天邊。自己身上不要再有一個根，有根是撐傘，力雖達於傘面，但傘把還是有力的。自己身上不留東西，本身腳就站在地上，心裡無根，但實際上還是有根的，只是我心中不以此根為根，才能放空。但這個空含著這麼一個「有」在，空不是什麼都沒有，是我不把這個有當成實在的有，就可以進入虛無的狀態。

自身虛無了，神意自我膨脹，形成了大氣球，或說大氣團，這個氣球（團）沒有一個實在的皮兒，如果有皮兒，就會有一個相對應的根存在。這個氣球的皮兒，是在對方的勁碰上的時候才會顯形，並且貼上對方，籠罩對方，不要去衝撞他，對方會自己覺得彆扭，又找不到反擊點，就無處借力，他的中就會暴露出來。

## ●勁　路

有時聊到楊式太極拳勁路與某拳的區別。某拳也是講

勁由內發，由足蹬地而起，勁經腰背到手發出。如果慢慢體驗，頂住拳頭，能感到這個勁由地而起直達拳面，形成一個帶彈性的支撐，的確力量充實飽滿。

楊式太極拳的勁路外形看上去與此類似，但實質完全不同。以搬攔捶為例，雖然也是一足支地，力由地借，勁由下經後背翻上來，但是勁最終卻是由中心向四面八方放射出去的爆炸勁，右拳只是其中的一個方向。慢些體驗的話，對方按著右拳，會感到頂無可頂，不是一個從地下撐過來的勁，而像一堵帶彈性的大牆，一大片過來，頂不到勁源，自然也無法攔截。手上聽不到勁源，人家拳又過來了，會產生無可抵抗之心。這個發勁方式，是用由中心散發出的氣球發出，又有大海湧動，波浪拍擊之勢。

## ●無極生太極，太極生兩儀

無極（無為）是根本的狀態，東西丟了，就回頭從無極裡找，把有形有象的放下，讓自己沒有了，四大皆空，散則成氣。一有自己的感覺，就從無極中出來了，變成太極了，我的意識參與進來了。

太極（空、虛）即是無極變有極。內裡是空的，但外面已經有了一個邊兒。這個邊也許在天邊，在宇宙盡頭，看不見，但我的意識已有了這個。太極椿（混元椿），即是內空而外有。抱球，球有個球皮兒，這個球皮也要虛乎乎的，既有又好像沒有，近乎臨界點的狀態。

盤拳、揉手、接手要回歸到這個狀態，這個狀態是個動態的，一旦固定，就沒有了變化，就死了。一過臨界

點，太極就分出陰陽了，陰陽之分，差別不能太大，略有差別即可，不能是九陰一陽或九陽一陰，要輕靈。

　　有輕靈，相對就有遲重，陰陽相對。太極狀態一動，神意氣和手上就分出陰陽，此陰彼陽之間的比例不能大，故手上不出大力，輕輕運行，默默停止。有輕才有靈，才有滲透勁，才能拿住對方，才能人不知我，我獨知人。

　　●陰不離陽，陽不離陰。————————————————

　　由聽問拿放，最終要落到一個放字上。交手之際，不可只顧自己發勁，要找舒服，要平衡，陽盛陰便虛，陰過了陽勁就弱小出不來，非得均等不可，更要注意與對方的陰陽關係。讓自己與對方陰陽平衡，形成一個圓，對方才打不到自己。

　　身法上尤其如此，處處注意自己的圓滿，均衡，讓對方犯錯誤，讓我的平衡去干擾他的平衡。所有的招式無外乎是陰陽相濟之意，因敵變化而顯示我的陰陽之變。

　　●氣球爆炸發勁————————————————————

　　當我是一個圓滿，脹到天邊的氣球時，一切盡在我的包裹之中，收縮，是四面八方向中心收縮，爆炸是由中心向中周膨脹，放射，把對方打穿，打透，而不是把他當成目標靶子。

　　平時要養，斂氣、養氣。古語說，三分練七分養，誠哉斯言。

# 附：汪傳楊式太極拳動作名稱及拳照

## 第 一 路

1. 起勢
2. 攬雀尾
3. 單鞭
4. 提手上式
5. 白鶴亮翅
6. 左摟膝拗步
7. 手揮琵琶
8. 左摟膝拗步
9. 右摟膝拗步
10. 左摟膝拗步
11. 手揮琵琶
12. 左摟膝拗步
13. 進步搬攔捶
14. 如封似閉
15. 十字手

## 第 二 路

16. 抱虎歸山
17. 肘底捶
18. 左右倒攆猴
19. 斜飛式
20. 提手上式
21. 白鶴亮翅

22. 左摟膝拗步
23. 海底針
24. 扇通背
25. 撇身捶
26. 進步搬攔捶
27. 上步攬雀尾
28. 單鞭

## 第 三 路

29. 雲手
30. 單鞭
31. 高探馬
32. 右分腳
33. 左分腳
34. 轉身左蹬腳
35. 左摟膝拗步
36. 右摟膝拗步
37. 進步栽捶
38. 翻身撇身捶
39. 進步搬攔捶
40. 小七星捶
41. 右蹬腳
42. 左打虎式
43. 右打虎式

44. 右蹬腳
45. 雙風貫耳
46. 左蹬腳
47. 轉身右蹬腳
48. 進步搬攔捶
49. 如封似閉
50. 十字手

## 第四路

51. 抱虎歸山
52. 斜單鞭
53. 左右野馬分鬃
54. 上步攬雀尾
55. 單鞭
56. 玉女穿梭
57. 上步攬雀尾
58. 單鞭

## 第五路

59. 雲手
60. 單鞭下式
61. 左金雞獨立
62. 右金雞獨立
63. 左右倒攆猴
64. 斜飛式
65. 提手上式
66. 白鶴亮翅

67. 左摟膝拗步
68. 海底針
69. 扇通背
70. 撇身捶
71. 進步搬攔捶
72. 上步攬雀尾
73. 單鞭

## 第六路

74. 雲手
75. 單鞭
76. 高探馬
77. 白蛇吐信
78. 十字腿（轉身單擺蓮）
79. 進步指襠捶
80. 上步攬雀尾
81. 單鞭下式
82. 上步七星
83. 退步跨虎
84. 轉身雙擺蓮
85. 彎弓射虎
86. 卸步搬攔捶
87. 如封似閉
88. 十字手
89. 合太極

1. 起勢①

1. 起勢②

1. 起勢③

1. 起勢④

2.攬雀尾①

2.攬雀尾②

2.攬雀尾③

2.攬雀尾④

2. 攬雀尾⑤

2. 攬雀尾⑥

3. 單鞭

4. 提手上式

5. 白鶴亮翅

6. 左摟膝拗步①

6. 左摟膝拗步②

7. 手揮琵琶

9. 右摟膝拗步

13. 搬攔捶①

13. 搬攔捶②

13. 搬攔捶③

13. 搬攔捶④

13. 搬攔捶⑤

13. 搬攔捶⑥

14. 如封似閉

15. 十字手

16. 抱虎歸山①

16. 抱虎歸山②

16. 抱虎歸山③

16. 抱虎歸山④

17. 肘底捶①

17. 肘底捶②

18. 倒攆猴①

18.倒攆猴②

19.斜飛式

23.海底針

24.扇通背

25.撇身捶

29.雲手①

29.雲手②

29.雲手③

29. 雲手④

31. 高探馬

32. 右分腳

33. 左分腳

34.左蹬腳

37.進步栽捶

40.小七星捶

41.右蹬腳

42. 左打虎           43. 右打虎

45. 雙風貫耳

53. 野馬分鬃①

53. 野馬分鬃②

53. 野馬分鬃③

53. 野馬分鬃④

56. 玉女穿梭①　　　　　　　　56. 玉女穿梭②

60. 單鞭下式

61.左金雞獨立

62.右金雞獨立

74.雲手①

74.雲手②

77. 白蛇吐信

78. 十字腿

78. 轉身單擺蓮①

78. 轉身單擺蓮②

79.進步指襠捶

82.上步七星

83.退步跨虎①

83.退步跨虎②

84. 轉身雙擺蓮①

84. 轉身雙擺蓮②

84. 轉身雙擺蓮③

85. 彎弓射虎①

85. 彎弓射虎②

89. 合太極①

89. 合太極②

89. 合太極③

# 後　記

　　文稿完成後，自己通讀一遍，忽然心中跳出一句話，不禁冒了點冷汗：「達摩西來無一字」，我這才哪到哪兒呀，囉哩囉嗦寫了這許多文字障。然而數年心血也不忍付之一炬，唯求諒解，以就正於諸君。正所謂化壓力為動力，太極之路其修遠兮，吾將上下而求索！

　　回想這些年的學習過程，尤其是自己開始教拳後，更加體會到老師曾經付出的心血，非常感謝我的授業恩師陳田良先生。

　　汪脈諸多前輩對我也是愛護有加，師父曾帶我拜訪群賢，在拳法、拳理上得到不少點撥。汪仲明師爺多次手把手試勁，講解拳理。盧志明師爺讓我認識到了太極功夫的博大精深。劉金印先生不但指導拳理，而且在文字寫作方面給予大量指點。朱春煊師叔更是多次參加本門拜師儀式，不厭其煩地為新入門弟子試手講解拳理。已故孫逸仙師叔毫不保守地展示本門精髓。張清池、宋培閣、楊瑞諸師叔、陳耀庭老師、蕭維佳老師等人在不同場合展示其高超技藝，並給予指導，令我受益非淺。

　　前路漫漫，雖遠可期。

　　感謝臺灣世新大學前校長賴鼎銘教授和中國文化大學

前國術系主任莊榮仁教授、東吳大學黃景耀教授為拙著作序，黃景耀教授與我因太極拳而結識，對拳理拳法見解相近，遂成朋友，可謂志同道合。賴、莊二位教授雖素未謀面，卻因黃教授的介紹及對本書內容的認可，便慨然應允作序，其提攜後輩拳拳之心，可昭日月。

每思及此，常生慚愧，小子何能，唯有盡心盡力於「太極」這一傳統文化瑰寶的探索與推廣，方不負諸前輩之厚望。

書稿在做最後修改之時，卻突聞噩耗，恩師陳田良先生於 2016 年 7 月 3 日夜，在網路上為拳友講解拳理時，突然仙逝。先師恩德，在生命的最後幾分鐘還在為弘揚太極做著奉獻。為弟子者，涕淚悲泣，幾不能持。惟有繼承遺志，不懈努力，為太極奉獻一生，方不負先師教誨。

僅以此書紀念恩師陳田良先生！

為便於交流探討，特留下聯繫方式：

Email：zhs70123@163.com

微 信：zhs7023　QQ：494489109

歡迎掃描二維碼關注微信公眾訂閱號：振海文化

張海松　於北京

# 歡迎至本公司購買書籍

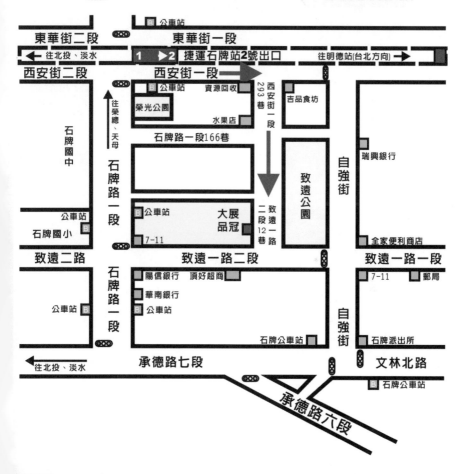

建議路線

1. 搭乘捷運‧公車

　　淡水線石牌站下車，由石牌捷運站2號出口出站(出站後靠右邊)，沿著捷運高架往台北方向走(往明德站方向)，其街名為西安街，約走100公尺(勿超過紅綠燈)，由西安街一段293巷進來(巷口有一公車站牌，站名為自強街口)，本公司位於致遠公園對面。搭公車者請於石牌站(石牌派出所)下車，走進自強街，遇致遠路口左轉，右手邊第一條巷子即為本社位置。

2. 自行開車或騎車

　　由承德路接石牌路，看到陽信銀行右轉，此條即為致遠一路二段，在遇到自強街(紅綠燈)前的巷子(致遠公園)左轉，即可看到本公司招牌。

國家圖書館出版品預行編目資料

須臾之道——汪永泉傳楊式太極拳理法探索(老六路)／張海松　著
　　——初版，——臺北市，大展，2016〔民106.08〕
　　面；21公分 ——（武學釋典；28）
　　ISBN 978－986－346－174－6（平裝）
　　1.太極拳

528.972　　　　　　　　　　　　　　　　　　106009473

## 須臾之道——汪永泉傳楊式太極拳理法探索（老六路）

著　　　者／張海松
責任編輯／孟　甫
發 行 人／蔡森明
出 版 者／大展出版社有限公司
社　　　址／台北市北投區（石牌）致遠一路2段12巷1號
電　　　話／（02）28236031 · 28236033 · 28233123
傳　　　眞／（02）28272069
郵政劃撥／01669551
網　　　址／www.dah-jaan.com.tw
E－mail／service@dah-jaan.com.tw
登 記 證／局版臺業字第2171號
承 印 者／凌祥彩色印刷有限公司
裝　　　訂／眾友企業公司
排 版 者／弘益電腦排版有限公司
初版1刷／2017年（民106）8月

定 價／400元

大展好書　好書大展
品嘗好書　冠群可期

大展好書　好書大展
品嘗好書　冠群可期